DIE BESTEN BAYERISCHEN

Wirtshäuser

IN MÜNCHEN UND UMGEBUNG

Herausgegeben von
Ulrike Reisch (Redaktion)
und der
Münchner »Abendzeitung«

SÜDWEST

Inhalt

Am weiß-blauen Küchenhimmel

Am weiß-blauen Küchenhimmel

Vorwort der Herausgeberin

Am weiß-blauen Küchenhimmel scheint wieder die Sonne, denn der Ehrgeiz der Köche hat in den letzten Jahren beträchtlich zugenommen. Dabei stand es um den Ruf der bayerischen Küche nicht immer zum besten. Lasche Schweinsbraten und Knödel von gummiartiger Konsistenz trugen nicht gerade zum kulinarischen Ruhm des Freistaates bei.

Doch heute überbieten sich die Küchenchefs gegenseitig darin, alte Rezepte für Kuheuter oder Spanferkelinnereien auszugraben und mit zeitgenössischem Anspruch zuzubereiten. Für Kalorienzähler ist die Münchner Küche allerdings noch immer nichts. Traditionell ist sie kräftig und fett, schließlich wurzelt sie in den Zeiten, als sich das Angebot in »Kraut und Ruam« in dicken Saucen erschöpfte, unterbrochen durch einen Fleischtag pro Woche.

Die Testesser der *Abendzeitung* waren in Gaststätten in und um München unterwegs und haben sich durch Berge von Schweinshaxn, Schweinebraten, Enten und Tellerfleisch gefuttert. Sie haben Speisekarte und Service genau unter die Lupe genommen, Fleisch, Fisch, Saucen und Beilagen auf Herz und Nieren geprüft. Herausgekommen ist dabei ein Führer durch bekannte und weniger bekannte, durch traditionsreiche und neue Wirtschaften. Gelegentlich wurden Essen und Service harsch kritisiert, doch war die Qualität der Küche nicht das einzige Kriterium für die Auswahl eines Lokals. Daher finden sich in diesem Buch auch Wirtshäuser, deren Ambiente einmalig ist oder die eine so lange Tradition aufzuweisen haben, daß ihr Besuch quasi Bestandteil eines bayerischen Besichtigungsprogramm sein sollte.

Trotz objektiver Qualitätsmaßstäbe sind die einzelnen Tips sehr subjektiv geschildert. In der Bandbreite der Wirtshäuser, die vorgestellt werden, spiegelt sich schließlich die Verschiedenheit der Menschen innerhalb einer Zeitungsredaktion wider.

Die Preise in den Wirtshäusern sind relativ einheitlich. Die Hauptgerichte kosten in der Regel zwischen 20 und 30 Mark, Suppen und Vorspeisen zwischen 5 und 10 Mark, Desserts um 10 Mark. Die Öffnungszeiten und Ruhetage sind im Frühjahr 1996 überprüft worden. Da hier Änderungen immer möglich sind, empfiehlt sich eine vorherige telefonische Rückversicherung.

Ulrike Reisch

Ihnen schmeckt's – in der Gaststätte Großmarkthalle

Straubinger Hof
ab 9⁰⁰ Uhr frische Weißwürste
PAULANER

G S
Franziskaner
Hefe-Weissbier
Zum Kuchlverzeichnis
SPATENBRÄU

PAULANER
SALVATOR-KELLER

PAULANER
MÜNCHEN
Paulaner
Bräuhaus

Wirtshäuser in München

Altes Hackerhaus

Sendlinger Straße 75 · Tel. 2 60 50 26.
Geöffnet täglich von 9 bis 24 Uhr.
U-/S-Bahn Marienplatz

Wo findet man ein gemütliches Plätzchen in der City, wenn man hungrig, durstig und gestreßt vom Einkaufen ist? Anstatt sich mit einem miesen Schnellimbiß zu ärgern oder viel zuviel Geld hinzublättern, lohnt sich der kurze Weg in die Sendlinger Straße dreifach: gutes Essen, zivile Preise, gemütliche Atmosphäre.

Im Hackerhaus wurde ein Stück Münchner Brauereigeschichte geschrieben. Hier ist sozusagen die Geburtsstätte der Hacker-Pschorr-Brauerei, die schon 1417 ihr erstes Bier gebraut hat. Wirt Paul Pongratz sieht sein Wirtshaus als »leibhaftiger Stammhalter der Brauerei«. Und er muß es wissen. Schließlich ist er ja quasi als Wirt geboren. Mit 19 Jahren hat er bereits sein erstes Gasthaus geführt.

Der Jungwirt setzt ganz auf altbayerische Tradition und versucht das jahrhundertealte Konzept der Hackerbrauerei durch »Erhaltung und Vervollkommnung« weiterzuführen – schon aus »Opposition zur gegenwärtig herrschenden Fast-food-Kultur«, meint Bayern-Verfechter Pongratz.

Wer das Hackerhaus betritt, spürt sie sofort: die gute alte bayerische Gemütlichkeit. In der Bürgerstube überwiegt eher Jagdambiente. An den Wänden hängen Hirschgeweihe, Rehgwichtln, Jagdflinten, ausgestopfte Wildvögel und Schießscheiben. Die urige Ratsstube, die in dunklem Holz gehalten ist und ein schönes Deckengewölbe hat, ist liebevoll dekoriert und zeigt das Inventar einer gehoben eingerichteten Bauernstube: Vom Krauthobel bis zum Spinnradl, vom Bierkrügerl bis zur Zither dominiert hier das altbayerische Element.

Ebenso konsequent bayerisch – von einigen Ausnahmen abgesehen – ist die Speisekarte. Die Hauptrolle spielen Küchenklassiker wie das wirklich sehr knusprige Bierbradl mit Kartoffelknödel und Krautsalat oder die Ochsenkopfbackerl, etwas zu flachsig und in einer kraftlosen Brühe. Auch das saure Züngerl mit Semmelknödel könnte manchmal ein bißchen mehr Zuneigung vertragen und war schon mal zu dick eingekocht und zu salzig. Schade auch, daß die Dampfnudeln mit Vanillesauce mit künstlichem Vanillegeschmack und Farbstoff angereichert sind. Ermutigend dagegen die abgebräunten Maultaschen mit Sauerkraut gefüllt und Röstzwiebeln.

Der gegrillte Tintenfisch am Spieß mit Kräutersauce sticht dagegen wie ein Fremdkörper heraus. Vielleicht ein Zugeständnis an die Touristen? Mitnichten! »Das Hackerhaus ist keine Touristenkaschemme«, versichert Pongratz, »wir haben hier vor allem münchnerisches Publikum. Touristen verirren sich nur hierher, wenn in der Fußgängerzone alles voll ist.«

Das Hackerhaus ist übrigens auch ein beliebter Journalistentreff. Kein Wunder: AZ und SZ sind schließlich gleich nebenan.

An heißen Sommertagen ist der kleine gemütliche Biergarten im heimeligen Innenhof sehr zu empfehlen. Hier kann man richtig schön verschnaufen, bevor man sich wieder an die Wühltische in den umliegenden Kaufhäusern stürzt (im Bild unten der Eingang von der Sendlinger Straße aus).

Tip des Hauses

Hausgemachter Rindfleischsalat mit Paprika und Bratkartoffeln

Zubereitung: Magere Rinderbrust ca. 3 Stunden gar kochen, das Fleisch herausnehmen und abkühlen lassen, in feine Streifen schneiden und in einer Salatsauce aus Essig und Öl marinieren. Paprikaschoten in Streifen schneiden und mit Zwiebelringen und gehackten Essiggürkchen unter den Fleischsalat mischen.

Wichtig: auf guten Weinessig und gutes Olivenöl achten. Die Bratkartoffeln mit Speck und Zwiebeln zubereiten.

Augustiner

Neuhauser Straße 16 · Tel. 55 19 92 57. Geöffnet täglich von 10 bis 24 Uhr, Küche von 11 bis 23 Uhr. U-/S-Bahn Marienplatz

Lieber Wirt, resp. Koch, resp. Kellner!
Eigentlich … kennen wir den Augustiner in der Fußgängerzone als gutbürgerliche Gaststätte. Will heißen, mit einer Atmosphäre, in der sich's nach Altmünchner Art gut sein läßt, mit einer Bewirtung, die Leib und Seel' beinanderhält. Nun gut, Ausnahmen bestätigen die Regel – aber bittschön nicht so wie diesmal: Vorn die Tische allesamt besetzt, macht nix, sind wir halt nach hinten durchgegangen. Auf der Höhe der Küche muntert uns der Wirt auf, da hinten gäb's fei noch genügend Plätze. Die meisten sind tatsächlich noch leer – aber allesamt bestückt mit dem Schild »Reserviert«. Prompt komplimentiert uns die Bedienung hinaus, weil gleich eine Gruppe mit hundert Leuten eintreffe. Also sind wir wieder retour – und dem Wirt in die Arme. Ach was, sagt der, kehrt mit uns um, wischt die »Reserviert«-Schilder weg und verschwindet. Kurze Irrungen und Wirrungen nochmal mit der Bedienung, aber dann dürfen wir endlich sitzen. Anderen Gästen ergeht es nicht anders, ein ewiges Hin und Her, aber langsam füllt sich der Raum, auch mit Lärm und Dunst – nur nicht mit Münchner Gmüatlichkeit. Nicht gekommen sind auch die besagten hundert Leute. Doch gegen 22 Uhr trudeln an die 25 Spanier ein, die, scheint's, einen Schneid haben – so spät verdrücken sie Berge von Würsten. Hasta la vista.

Eigentlich mögen wir die bayerische Küche im Augustiner, weil sie nicht aufgemotzt ist, sondern anständig daherkommt. Nix gegen das Tellerfleisch, gegen das Rehschäuferl, aber 38 Minuten dürfen wir erst mal auf die Bestellung warten. Das muß was mit bayerischem Dialekt zu tun haben: Unsere beiden Gegenüber kommen

Was macht bayerische Küche aus oder besser: Was macht sie nicht aus?

Hier sieben Faustregeln:

1. Pilze statt Schwammerl, Kloß statt Knödel, Rotkohl statt Blaukraut – so eine Speisekarte ist ein Schmarrn. Und Schweinsbraten schreibt sich immer noch mit »s« statt mit »e«.

weit später und bekommen weit früher aufgetischt. »Wenn ma Dialekt redt, geht's schneller«, meint der Tischnachbar. Aber diejenige, der wir Aug und Ohr am liebsten schenken, sagt immer, unsereins tät doch eh schon so arg bayerisch reden.

Ach ja, zum Essen fällt uns nur noch ein, daß zum Tellerfleisch nicht unbedingt ein Kartoffelsalat gehört, erst recht aber nicht garniert mit diesem albernen Salatblattl, dem grünen Mini-Alibi für Frische oder so. Und dann die Frage unseres Gegenübers mit seinem Schweinsbraten, welchselbiger ziemlich schwamm: »Woher kommt die Sauce?« Nie nicht aus dem Packerl, wenden wir ein und wollen unsere Nase drauf verwetten – um so lieber, als plötzlich ein unsäglicher Geruch sich breit macht, aus dem Klo. An Guadn. Eigentlich ... schätzen wir das Bier vom Augustiner. Daß das Pils partout nicht aus dem Faß zu haben ist – sei's drum. Der Kellner bringt uns die internationale 0,33-l-Flasche – aber wie. So schnell, daß er gar keine Zeit mehr hat für die Essensbestellung, obwohl wir schon ausgesucht haben. »Später, später«, sagt er und haut ab (siehe oben). Viel, viel später, als wir noch ein Helles wollen, landen im Handumdrehen deren zwei auf dem Tisch. Ja, ja, so ein Bräu muß halt schaun, wo's Geld herkommt, wenn er mit dem Essen allein am Hungertuch nagen tät. Wird dafür halt die Durchlaufquote beim Trinken sakrisch beschleunigt. Doch hinterher, das Stamperl Schnaps läßt wieder so lange auf sich warten, daß es bacherlwarm ist, als es endlich auf dem Tisch steht.

2. Selbst in bodenständigen Wirtshäusern kriegt einer schon eher einen Toast Hawaii als ein Suppenfleisch oder eine Kalbshirnsuppe. Muß das sein?
3. Gar schrecklich ist die Streckerei mit Mehlpapp und diese ewige Beutelsauce.
4. Von der Weißwurst heißt es, sie sei stolz drauf, daß sie dereinst als Notlösung entstanden ist. Genau das schmeckt man ihr oft bis heute nach.
5. Zigtausend Bäche, Flüsse und Seen gibt's in Bayern – und warum so selten Fisch?
6. Eine fette und kräftige Kost – das ist nicht unbedingt bayerisch. Ein Drittel weniger Fett tut's auch.
7. Statt dessen bittschön mehr Gemüse. Wo doch hierzulande so viel Gutes wächst.

Beim Sedlmayr

Westenriederstraße 14 · Tel. 22 62 19.
Geöffnet Montag bis Freitag von 9 bis 22 Uhr,
Samstag von 8 bis 16 Uhr. Sonntag Ruhetag.
S-Bahn Isartor

Beim Sedlmayr! Was ist nicht alles mit diesem Namen verbunden. Damals, im Februar '89, als der Schauspieler Walter Sedlmayr die Wirtschaft übernahm und Wolfgang Werlé zu seinem Geschäftsführer machte, sollte es eine Nobelkneipe werden. Dann der Tod des 56jährigen am 14. Juli 1990, schließlich der Prozeß gegen die Brüder Lauber und Werlé, die angeklagt waren, den Volksschauspieler getötet zu haben. Und dann das Indizienurteil. Immer wieder fiel der Name »Beim Sedlmayr«. Heute ist er ein Markenzeichen unterm weiß-blauen Gastwirts-Himmel. Dafür haben die Eheleute Traudl und Erwin Scharrer schon gesorgt.

Das Gastwirts-Duo kennt sein Handwerk, haben die beiden doch 13 Jahre lang eine gstandne Altmünchner Institution geführt: das Bratwurstherzl am Viktualienmarkt. Und die zwei Vollblutwirte wären heute noch dort, würde die Paulaner-Brauerei die alteingesessene Wirtschaft nicht umbauen. Aber so hat es sich ganz gut getroffen – für die Wirtsleut' – und natürlich erst recht für die Gäst' vom Sedlmayr.

Denn was hier – gleich hinterm Viktualienmarkt – auf der Speisekarte aufgeführt wird, verdient gute Noten. Das geht schon damit los, daß die Speisen, wenngleich nur auf einem einfachen Blatt Papier notiert, in Menge und Preis gut gewählt sind. Alles kommt schnell auf den Tisch, da ist schon die Chefin selbst hinterher.

Ob das nun die Bratensulz mit Röstkartoffeln ist – sie schmeckt so herzhaft sauer, und die Portion mageres Schweinefleisch liegt appetitlich in der Knöcherlsulz (selbstgemacht!) auf dem Teller.

Ob das die Leber- und Blutwürst mit dem Stück Schweinernem und Sauerkraut und den gut gedämpften Salzkartoffeln sind: Es riecht und schmeckt einfach gut.

Das Spanferkel (dezent der Geschmack von Knoblauch und Thymian) mit Knödel läßt staunen. Die Bedienung empfahl eine Haxn. Ein prima Tip, das Fleisch war zart und schmeckte sehr gut. Selbst die Kruste war zum Schluß noch knackig. Nur der Salat hat's nicht geschafft, er ging in der Sauce unter. Der Gast am Nebentisch war geschickter. Er verlangte nach Essig und Öl und machte das Grünzeug selber an. Und dann das zarte Beinfleisch (auch das ein Tip der Bedienung) mit frisch geriebenem Meerrettich auf dem Holzteller serviert, in einer Rindssuppe bereitet, die das Auge verheißungsvoll auffordert: Löffle mich bitte aus!

Wer vor oder nach dem Einkaufen kurz Rast machen will, bitte sehr. Einen Teller Leberknödelsuppe gibt es auch. Nur mit dem Leberkäs mit Ei und Kartoffelsalat legen die Wirtsleut' keine große Ehre ein: Er ist leider etwas schwammig.

Daß der Durst nicht ausbleibt, ist zwangsläufig. Da hilft der Paulaner-Mönch: eine Halbe Helles oder ein Weißbier, das der Wirt hinterm blank gewienerten Tresen mit viel Liebe und Hingabe zapft. Sollte der Gast jetzt immer noch etwas Leere verspüren: Der hausgemachte Millirahmstrudel mit Eis und Sahne ist sein Geld wert.

Tip des Hauses

Meerrettichgemüse

Wie man ein Meerrettichgemüse zubereitet, hat Traudl Scharrer zusammengestellt:

Zutaten: 2 große Stangen Meerrettich, geschält und gerieben; 1 l Brühe, 1 l Milch, $^1/_4$ l Sahne, Salz, 1 paar Spritzer Zitronensaft, Muskat, 3 altbackene Semmeln, in kleine Würfel geschnitten.

Alles zusammen – außer den Semmeln – ca. $^1/_2$ Stunde köcheln lassen, danach zur Bindung die Semmeln dazugeben und nochmals 10 Minuten leicht kochen lassen. Mit Salz, Muskat und Sahne nochmals abschmecken.

Bratwurst-Friedl

Hotterstraße 2, Ecke Färbergraben · Tel. 26 61 71. Geöffnet Montag bis Freitag von 9 bis 23 Uhr, Küche bis 22 Uhr, Samstag von 9 bis 16 Uhr, langer Samstag bis 22 Uhr. Sonntag Ruhetag. U-/S-Bahn Marienplatz

Daheim in Nürnberg ist der »Bratwurst-Friedl« als Institution für fleischliche Gelüste hoch geachtet. Da sollte eigentlich auch seine Münchner Filiale den heimwehkranken Franken bei der verzweifelten Suche nach einer weißwurstfreien Zone auf Rettung hoffen lassen. Doch die Vorfreude auf Heimat pur wird schon beim Lesen der Speisekarte, die ein weitgereister Koch gedichtet haben muß, schnell getrübt. Aber immerhin: Auch wenn beim Münchner Friedl die reschen Nürnberger Original-Winzlinge sogar noch nach dem Mittagsläuten gegen die lasch-weißen Zutzl-Därmlinge antreten müssen, schlagen sie die ortsansässige Konkurrenz.

Die erste Notversorgungsstation hinter dem Weißwurstäquator hält für den vom weiß-blauen Virus infizierten Nordbayern glücklicherweise auch Blaue Zipfel, Nürnberger Schäufele und eine – wenn auch bescheidene – Auswahl an durchaus trinkbaren Frankenweinen bereit. Allerdings müssen sich passionierte Biertrinker hier leider mit Münchner Plempl begnügen.

Selbst der weltgewandteste Franke kommt bei dem übrigen Angebot auf der Speisekarte reichlich ins Grübeln. In dem holzgetäfelten Butzenscheiben-Ambiente (Obacht: Das ist fränkische Gemütlichkeit, wie sie der Münchner Lodenträger möglicherweise aus dem Quelle-Katalog kennt!) dampft die Exotik aus den Tellern auf den blankgescheuerten Rustikaltischen. Darunter das Hawaiisteak oder die Surhaxe, die das mitgelieferte Erbsenpüree zu einem bayerisch-preußischen Zwitter degradiert, ein Schweinefilet kroatisch und vier Wiener und Polnische (ohne Mengenangabe, dafür aber mit Sauerkraut).

Bei einer solch geballten internationalen Konkurrenz darf man sich die berühmten Nürnberger Fingerlinge ausnahmsweise einmal als Moongdräzzerlä (= Magenträtzerchen oder Appetitanreger) vornehmen. Die Probe der Blauen Zipfel aus dem Kupfertöpfchen ist durchaus zufriedenstellend, auch wenn die Zwiebeln im Essigsud am Testabend nach eingeschlafenem Garnichts schmeckten. Die gebratene Version hält auch verwöhnten Ansprüchen stand, denn die fingerkleine Spezialität ist über Buchenscheiten rundum braun gebraten (also nicht angekohlt) und wird ebenso artgerecht auf dem Zinnteller serviert (das Dutzend gibt's auf dem traditionellen Herzteller).

Aber die Beilagen – Allmächd! Der Kartoffelsalat von baatziger Geschmacklosigkeit, dem Sauerkraut fehlt jeglicher Biß und seine Wasser-Zuwaage läßt die Bratwürscht beinahe ersaufen. Ähnlich ergeht es dem Schäufele, das in dieser Form niemals als »Nürnberger Spezialität« angeboten werden dürfte: ein riesiger Brocken Fleisch, der eine ganze Familie ernähren könnte – wenn er nicht so lieblos aufgewärmt und seine Kruste nicht so arg durchweicht wäre von überreichlicher Maggi-Schnalze. Zu dieser Katastrophe paßt dann sogar der als Knödel bezeichnete Fertig-Gummihupfer.

Als Trost bleibt da nur der knackige, mit Speckwürfeln veredelte Krautsalat. Darauf einen Original Streitberger Bitter, der es wert wäre, auf der Karte nicht gar zu sehr versteckt zu sein zwischen Wodka, Bommerlunder und Schweizer Birnengeist.

Tip des Hauses

Blaue Zipfel

Die Franken, und die Nürnberger im besonderen, sagen, daß Blaue Zipfel jeden strapazierten Magen wieder einrenken. Werden die Blauen Zipfel geräuchert, heißen sie Bauernseufzer. Auf jeden Fall sind sie eine gesamtbayerische Delikatesse, die auch für den Münchner Gaumen geeignet ist.

Zutaten: 1 l Wasser, 1 Tasse Essig, 3 Zwiebeln (in Ringe geschnitten), Salz, 1 EL Zucker, 2 Lorbeerblätter, 4 bis 6 Original Nürnberger Bratwürste (gibt's auch in München).

Zubereitung: Das Wasser mit Essig aufkochen. Zwiebelringe, Salz, Zucker und Lorbeerblätter hinzufügen. Die Bratwürste in den Sud geben und ca. 15 Minuten ziehen lassen. Die Bratwürste mit etwas Sud und reichlich Zwiebelringen anrichten.

Braunauer Hof

Tip des Hauses

Frauenstraße 42 · Tel. 22 36 13.
Geöffnet von 9 bis 24 Uhr. Sonntag/Feiertag Ruhetag.
S-Bahn Isartor

Feines Ochsenschwanz-Ragout

Zutaten (für vier Personen): etwa 2 1/2 kg Ochsenschwanz, für die Beize: 1/4 l Wasser, 1/2 l Rotwein, 2 geschälte und geschnittene Zwiebeln, 2 Karotten, 1 Knoblauchzehe, 5 Wacholderbeeren, Lauch, Sellerie, Essig, ein Lorbeerblatt, Nelken.

Zubereitung:
1. Den Ochsenschwanz in Stücke schneiden und 8 Tage lang (!) in die Beize aus den oben genannten Ingredienzen geben.
2. Nach einer guten Woche (zugedeckt im Kühlschrank) Fleischstücke aus der Beize nehmen, abtrocknen, und sie rundherum in heißem Öl anbraten. Salzen nicht vergessen!

Man kennt sie reichlich, die Schimpfworte und Beschwerden über die bayerischen Innenstadt-Wirtschaften als »Touristenfallen« und »Nepplokale«. Schwamm drüber. Am Isartor, kurz vorm Viktualienmarkt, steht ein Traditionsgasthaus, das seit weit über 100 Jahren für solide Münchner Küche bürgt: der »Braunauer Hof«.

Manche mögen – völlig zu unrecht – die Nase rümpfen über den Namen. Doch daß im vorigen Jahrhundert, als Hitler noch gar nicht geboren war, die Fuhrwerke der Salzhändler aus Braunau hier Station machten und der Wirtschaft den Namen gaben, dafür können weder das Restaurant noch sein rühriger Wirt Rudi Plabst etwas. Aber zum Einkehren möchten wir das Wirtshaus empfehlen. Es ist zwar kein Feinschmeckertip, aber eine gute Adresse.

Unter einer holzgetäfelten Decke mit dicken Fichtenbalken finden 150 Gäste Platz, abends viele Stammtische, was in der Münchner Innenstadt Seltenheitswert hat. Nur Schafkopfen und Wattn – das ist verboten. »Weil de Kartler koan Umsatz bringan«, wie Rudi Plabst freimütig gesteht. Denn aufs Essen kommt's an.

Womit wir bei der hauseigenen Wurstkuchel mit hervorragenden Schweinswürscht wären. Sehr gut auch die Briesmilzwurst und das Tellerfleisch (mit frischem Meerrettich und Kartoffelsalat). Glückssache dagegen ist die Schweinshaxn mit Kartoffelknödel.

Das unausrottbare Vorurteil, die Münchner Köche hätten von Fisch keine Ahnung, wird im »Braunauer Hof« praktisch dementiert. Der in Butter gebratene Saibling, der Waller im Wurzelsud oder das gebackene Goldbarschfilet schmecken vorzüglich. Kein Wunder: Die Fische kommen frisch aus dem hauseigenen Bassin und können vor der Hinrichtung noch schwimmend bewundert werden. Tierfreunden und Vegetariern ist der Genuß der bayerischen Küche sowieso nicht zu empfehlen.

Um so mehr den Freunden gebratener Tiere: Die gekochte Ochsenlende oder der urig-kalorienreiche Bauernschmaus (Kassler, Schweinsbraten, Knödel, Püree) füllt auch noch den letzten Quadratzentimeter in Magen und Bauch. Unsere Ente dagegen war ein ziemlich zäher Vogel.

Bleibt der obligatorische Geheimtip: die Nachspeisen für die Süßen. Zwetschgenpavesen oder Topfenpalatschinken, selbstgemachter Apfelstrudel oder Rohrnudeln mit Vanillesauce – ein Genuß ohne Reue, sofern man kein Weightwatcher ist.

Was uns im »Braunauer Hof« gefallen hat, ist, daß der Spruch »Tradition verpflichtet« hier noch etwas gilt, bei den Wirtsleuten Rudi und Burgi sowie bei der 78jährigen Seniorchefin Antonia Plabst. Seit der Renovierung ist im Innenhof der »Rieger-Residenz« hinterm Isartor ein einmalig gelegener, fast idyllischer Biergarten mit 300 Sitzplätzen für schöne Tage und Abende eingerichtet.

3. Das Ganze mit Tomatenmark anrösten und mit $^{1}/_{4}$ l Rotwein ablöschen. Danach mit der Beize aufgießen. Das Ragout mit Mehl einstauben und bei mittlerer Hitze mindestens 3 Stunden gar kochen. Danach mit Salz und Pfeffer – Tip: mit Worcestersauce zusätzlich – abschmecken.
4. Das fertige Ochsenschwanz-Ragout wird mit Semmelknödel und Preiselbeeren serviert. Guten Appetit!

Der Alte Wirt

Aribonenstraße 6 · Tel. 6 89 18 62. Geöffnet täglich von 8 bis 1 Uhr, warme Küche bis 22.30 Uhr. S-Bahn Ostbahnhof, Bus 95 und 96

Sie haben seit Stunden nichts gegessen. Vielleicht den ganzen Tag im Garten geschuftet oder eine Radtour hinter sich. Der Magen hängt in den Kniekehlen. »Hunger!«, das ist alles, woran sie denken können. In so einem Fall ist »Der Alte Wirt« in Ramersdorf genau richtig. Essen in dem fast 400 Jahre alten Gasthaus – was die Größe der Portionen anbelangt, gibt's keine Steigerung.

Ein Vorstadt-Wirtshaus, 1504 zum ersten Mal urkundlich erwähnt. Damit ist »Der Alte Wirt« nach der Hundskugel das älteste Wirtshaus Münchens. Die Gäste in dem 90-Plätze-Restaurant scheinen sich alle zu kennen. An die Theke klammern sich die »Überlebenden« vom Nachmittags-Stammtisch. Leise Popmusik berieselt den verrauchten Raum. Um den Spielautomaten mauern Jugendliche.

Der offensichtlich von Ischias geplagte Kellner ist zu jedem freundlich und immer für einen Spruch gut. Besonders eilig hat er's allerdings nicht. Die linke Hand am schmerzenden Nerv, humpelt er lächelnd von Tisch zu Tisch. Nur eines bringt ihn aus der Fassung: wenn ein Gast seinen Teller nicht aufißt. »Hat's nicht geschmeckt? War etwas nicht in Ordnung?« Diese Frage muß man sich stellen lassen, obwohl man das Gefühl hat, beim nächsten Pommes aus allen Nähten zu platzen. Deshalb versichert man dem besorgten Ober schnaufend: »Nein, nein, war lecker, aber viel zuviel«, um dann gleich einen Obstler zu bestellen.

Übrigens schafft es der Mann hinter der Theke immer, das Schnapsglas haargenau bis zum Rand zu füllen. Ja, im Alten Wirt gibt's von allem reichlich. Aber Masse allein macht's nicht.

Tip des Hauses

Gefüllte Schweinsbrust mit Krusterl

Zutaten (vier Personen): 1 1/2 kg Schweinsbrust, Suppengrün, 1 Zwiebel (Würfel), 1 Knoblauchzehe, Pflanzenfett, dunkles Bier.
Für die Füllung: 350 g Knödelbrot, Petersilie, Milch, 1 Zwiebel (angedünstet), Muskat.

Die Küche ist gutbürgerlich. Vom Schnitzel bis zum Schweinsbraten schmeckt eigentlich alles. Jeden Mittwoch steht das große Kesselfleisch-Essen auf dem Programm – sich vollstopfen für etwas über 10 Mark. Der sehr empfehlenswerte »Bierfahrer-Teller« (Rinds- und Schweinsbraten) reicht für eine Fußballmannschaft.

Ob man angesichts solcher Tatsachen eine Vorspeise bestellt, wie zum Beispiel die Milzwurst in der Brotsuppn, sollte man sich genau überlegen. Die Nachspeisen, die auf der Karte stehen, decken ebenfalls den Kalorienbedarf eines Bauarbeiters.

Wer gut und günstig viel essen will und auf besonderes Ambiente verzichten kann, ist im Alten Wirt in Ramersdorf richtig. Für Feiern steht ein 120-Personen-Saal zur Verfügung. Der Biergarten mit 500 Plätzen ist im Sommer ein beliebtes Ausflugsziel. Die Megaportionen sollten nicht abschrecken. Schon gar nicht, wenn zu Hause ein Hund auf Herrchen oder Frauchen wartet. Nach unserem Essenstest fragte der Kellner schon von selbst: »Soll ich Ihnen den Rest einpacken?«

Zubereitung:
Schweinsbrust mit Salz und Pfeffer würzen und mit Knoblauch einreiben. Zutaten für die Füllung vermischen und 15 Minuten mit einem Teller pressen. Brust füllen, zunähen, mit Suppengrün und Zwiebel anbraten. Dann für 2 Stunden bei 185 Grad in den Ofen schieben. Erst mit Bratensaft, dann mit Bier begießen.
Sauce durch ein Sieb gießen und mit Butter aufschlagen.

Der Donisl

Weinstraße 1 · Tel. 22 01 84/85.
Geöffnet täglich von 8 bis 24 Uhr.
U-/S-Bahn Marienplatz

»Der Donisl« gleich am Marienplatz ist eines der bekanntesten Wirtshäuser in München, eines der besten ist er sicher nicht. Der schlechte Ruf des Lokals, das vor Jahren durch k.o.-Tropfen im Bierglas schwer ins Gerede gekommen ist, hat sich bei den Münchnern nicht wesentlich gebessert. Obwohl inzwischen längst ein neuer Wirt, Löwen-Präsident Karl-Heinz Wildmoser, das Zepter schwingt. Der hat immerhin mit dem Vorurteil aufgeräumt, der Donisl sei nur eine überteuerte Touristen-Schwemme. Touristen sitzen in Scharen dort, aber teuer ist es im Donisl nicht mehr: »Kein Gericht über 11,95 Mark« ist das Motto der Speisekarte, deren Einband der Maler Rupert Stöckl gestaltet hat.

Gleiche Preise, gleiche Saucen – so könnte man das Motto des Küchenchefs zusammenfassen. Die braune Pampe, die schon den Ochsenbraten mit zwei Semmelknödeln zierte, lag auch auf der halben hinteren Schweinshaxe, die allerdings von zwei lockeren Kartoffelknödeln begleitet wurde. Das saure Züngerl mit Semmelknödel ist nicht einmal hartnäckigen Liebhabern von Innereien zu empfehlen, auch hier war die Sauce braun und pampig. Mehr Glück hatten wir mit dem Wiener Schnitzel vom Schwein und – man glaubt es kaum – mit dem warmen Leberkäs, der wirklich frisch aus dem Rohr kam. Gut abgeschmeckt erfreuten uns auch der Wurstsalat und die Sülze.

Das Hacker-Pschorr vom Faß ist gut gezapft und enthält bestimmt keine k.o.-Tropfen mehr. Die Weinauswahl hält sich in bescheidenen Grenzen, die offenen sind allerdings unbescheiden teuer. Fazit: Einmal hingehen gehört zum München-Pflichtprogramm.

Haxnbauer

Münzstraße 6 · Tel. 29 53 09. Geöffnet täglich von 17 bis 0.30 Uhr, warme Küche bis 23 Uhr. U-/S-Bahn Marienplatz

Am »Haxnbauer« führt kein Weg vorbei. Wer den Touristen-Broadway vom Hofbräuhaus zum Marienplatz beschreitet, den umfangen spätestens bei der Alten Münze die schweren Wohlgerüche der größten Haxenbraterei der Welt.

Ob der »Haxnbauer« die besten Haxen hat, ist schwer zu sagen. Tatsache ist, er hat die meisten. In allen Variationen und Größen. Dabei werden nur die oberen hinteren Haxen verbraten. Die sind am fleischigsten. Eine durchschnittlich große Haxn wiegt dann schon um die 700 Gramm. Die Haxen werden auf Buchenholzkohle gegrillt und nach Gewicht berechnet.

Daneben gibt's selbstverständlich die portionierten, also ausgelösten Haxn mit Salat und Kartoffelknödel und die üblichen bayerischen Spezialitäten wie Münchner Tellerfleisch, Kalbsrahmbraten und Leberknödelsuppe.

Die Speisekarte gibt's auf Englisch, Italienisch und Französisch. Kombiniere messerscharf: da gehen nicht nur Münchner hin. Das Hauptpublikum beim »Haxnbauer« sind dann auch vor allem Touristen aus aller Welt. Aber das muß ja nicht immer schlecht sein!

Das Ambiente ist jedenfalls sehr gepflegt. Bayerische Volksmusik im Hintergrund, nicht zu laut, dunkle, schwere Holzbalken an der Decke, bleiverglaste, bunte Fenster, die ein angenehmes Licht verbreiten. Es gibt gleich um's Eck am Platzl noch einen zweiten »Haxnbauer«. Dort ist aber während der Sommermonate geschlossen – vielleicht, weil der »Haxnbauer« keinen Biergarten hat?

Einkehr zur Schwaige

Forst-Kasten-Allee 114 · Tel. 7 59 19 68. Geöffnet täglich von 8.30 bis 24 Uhr, durchgehend warme Küche. Reservierung empfehlenswert! U-Bahn Fürstenried-West, Bus 34

Die »Einkehr zur Schwaige« ist erst elf Jahre alt und hat dennoch eine lange Geschichte – eine, die im 10. Jahrhundert begann. Herzog Tassilo II. spielte dabei eine Rolle, der Landesherr Herzog Albrecht IV. und eine Reihe anderer hochadeliger Herren auch. »Unser« wichtigster Mann aber war der Planegger Bauer Xaver Engelhardt, der 1788 die Fürstenrieder Gutsschäfflerei in ein Wirtshaus umwandelte. Heute steht am selben Fleck das Wirtshaus zur Schwaige, 1985 von der Spaten-Brauerei wieder aufgebaut und bekannt für bayerische Schmankerl.

Genau die wollen wir mit Freunden in der gemütlich getäfelten Wirtsstube mit schneeweiß gestärkten Gardinen und penibel gebügelten Tischdecken genießen. Wir rücken auf den langen Bänken zusammen, klappen die Zinndeckel der Glaskrüge zurück, prosten uns mit dem kühlen Dunklen zu. Dann der Schock: Die Bedienung macht uns einen dicken Strich – nicht durch die Rechnung, sondern durch die Speisekarte. Nix gibt's mehr, kein Münchner Bierbratl, keine Haxn und noch nicht mal mehr den Flügel einer Ente. Zenta lächelt und meint, das sei öfter so, weil »bei uns alles ganz frisch is, da wird net aufgwärmt, und wenn's aus is, is halt aus«. Das bedeutete zwangsläufig: wiederkommen!

Um zu sehen, ob's sich lohnt, testen wir erst mal die drei klassischen »S«: Suppe, Sauce, Salat. Kartoffel- und Leberspätzlesuppe waren denn auch in Ordnung, aber keine Offenbarung. Der Salat dagegen herrlich knackig, die gefüllten Maultaschen mit frischem Gemüse aus dem Sud schmeckten ausgezeichnet – locker die Füllung und das Gemüse mit Biß. Enttäuschend dagegen Rostbraten und Kalbsleber – beide Gerichte waren schlicht zu fad. Und die größte Sünde: Die Röstzwiebeln kamen nicht, wie sich's gehört, aus der Pfanne, sondern aus der Fritteuse.

Wenn wir schon bei den Sünden sind, dann gleich noch eine. In die Vanillesauce zum Apfelstrudel gehört nun mal Vanille. Hier fehlten die schwarzen Pünktchen aus der Schrumpelschote. Schwamm drüber und neuer Versuch, vorsichtshalber zur Mittagszeit. Die Wintersonne scheint, auf dem Eisstockplatz direkt neben dem Wirtshaus schieben ein paar Männer die Stöcke übers Eis, drin sind wieder alle Tische gut besetzt – Geschäftsleute beim Arbeitsessen, Spaziergänger, Besucher des nahen Waldfriedhofs.

Und diesmal gibt es sie auch: Zart die Kalbshaxe und resch die Bauernente, alles im eigenen Saft. Auch die Kartoffelknödel sind gut, das Blaukraut ist im Gegensatz zum köstlichen Speckkrautsalat allerdings ausgesprochen langweilig.

Zur Fastenzeit bietet Wirt Ulrich Zimmermann, ein gelernter Metzger, zusätzlich zu Saibling, Renke und Lachs auch Wallerfilet aus dem Wurzelsud an (siehe Rezept) – zart und auf den Punkt gegart.

Unser Tip für die Leser: Bei einem Besuch der Schwaige am besten die Ofengerichte bestellen.
Unser Tip für den Koch: beim Würzen ruhig ein bißchen mehr Mut zeigen.

Tip des Hauses

Wallerfilet aus dem Wurzelsud auf Buttersauce

Zutaten: **$^1/_2$ l Wasser, Lorbeerblatt, Pfefferkörner, Wacholderbeeren, Zwiebeln, Karotten, Lauch, Sellerie, etwas Sherryessig.**

Zubereitung:
Alle Zutaten aufkochen. Wallerfilets im köchelnden Sud garen, auf vorgewärmten Tellern anrichten.
Für die Buttersauce: Schlagsahne mit etwas gehackten Schalotten und gestoßenem Pfeffer auf die Hälfte der Flüssigkeit reduzieren, fest kalte Butter einrühren, mit Sherryessig und etwas Salz würzen, passieren und mit dem Rührstab aufschlagen. Dazu passen Petersilienkartoffeln.

Gasthaus am Isarthor

Kanalstraße 2 · Tel. 22 77 53. Geöffnet täglich von 11 bis 1 Uhr, durchgehend warme Küche (Mittagsmenü-Speisekarte wird den umliegenden Büros auf Wunsch per Fax zugesandt).
S-Bahn Isartor

Es war einmal eine kleine, leicht heruntergekommene Boazn am Isartor. Das Essen war billig, die Atmosphäre schäbig. Doch eines Tages in den Achtzigern bekam die Augustiner-Fee Mitleid mit der Wirtschaft und ließ ihre Handwerker Gutes tun. Die verlegten den Eingang um eine Hausecke, rissen eine Zwischendecke raus – und weckten so das »Gasthaus am Isarthor« aus seinem Schlafe.

Das Ergebnis kann sich sehen lassen: dunkelbraune Wandtäfelung, Holztische und ebensolche Stühle mit gedrechselten Beinen, Bogenfenster. Bayerische Gasthausbehaglichkeit allenthalben. Besonders schön ist die beim Umbau wiederentdeckte und freigelegte Stuckdecke und das Gründerzeit-Kapitell am Stützpfeiler.

Leider hat die Freude einen Pferdefuß, denn wer im »Gasthaus am Isarthor« essen will und einen Platz sucht, der braucht Stehvermögen. Mit seinen nur 72 Plätzen ist das Gasthaus schnell voll. Wirt Roger Obermaier schätzt den Anteil der Stammgäste auf über 60 Prozent. Reserviert wird aber erst ab sechs Personen.

Hat man jedoch einen der begehrten Stühle ergattert, geht's recht schnell. Nach knapp fünf Minuten hat die freundliche Bedienung den Edelstoff gebracht, knurrende Mägen werden rasch beruhigt.

Freilich hält die Küche nicht so ganz, was die appetitanregende Speisekarte verspricht: Der »ofenfrische« Schweinsbraten hatte wohl schon ein Weilchen auf einen Abnehmer gewartet, den beiden Knödeln (Semmel und Kartoffel) in der Beilage fehlte der Eigengeschmack. Mit der Sauce (»Dunkelbierjus«) wäre dies zu kompensieren gewesen – doch leider scheint der Koch ein Opfer Amors geworden zu sein. Sie hatte ebenso wie die Brätstrudelsuppe etwas zuviel Salz abbekommen. Gleiches gilt für die Gorgonzolarahmsauce beim zarten Schweinefilet mit knusprigen Kroketten – vom Käse war dabei kaum etwas zu schmecken. Weniger wäre hier eindeutig mehr. Gut gelungen war dagegen die Schwammerlsuppe mit Egerlingen und Champignons.

Bei den Nachspeisen sollte man sich vorher überlegen, ob der Magen noch aufnahmefähig ist: Ob gebackene Apfelkücherl oder Zwetschgenpavesen – bei beiden wäre es schade, müßte man etwas zurückgehen lassen. Ganz zum Schluß sollte man dem Magen noch eine kleine Verdauungshilfe gönnen. Die Karte empfiehlt dazu »b'soffene Marille« (Aprikosenschnaps mit einer halben Aprikose im Glas). Das tut der Autor auch.

Tip des Hauses

Zwetschgenpavesen

Zwetschgenpavesen à la »Isarthor« – ein bayerisch-österreichisches Süßspeisenrezept. Geht schnell, schmeckt gut und ist billig. Die Menge richtet sich nach dem Appetit.

Zubereitung: 2 Scheiben Weißbrot mit Zwetschgenmus bestreichen und zusammenklappen. Das Ganze in Mehl wenden und etwa 1 Minute lang in aufgeschlagenem Ei tränken. Dann die Scheiben im Fett herausbacken, bis sie schön goldgelb sind. Die fertigen Pavesen mit Zucker und Zimt bestreuen und mit Schlagrahm servieren.

Variante: Altbackene Semmeln in dünne Scheiben schneiden, Zwetschgenmarmelade zwischen 2 Scheiben schmieren, diese in kalter Milch durchweichen. Anschließend mit Semmelbrösel und Ei panieren. Der Rest wie oben.

Gaststätte Atzinger

Schellingstraße 9 · Tel. 28 28 80. Geöffnet Montag bis Samstag ab 10 Uhr, Montag/Dienstag bis 1 Uhr, Mittwoch/Donnerstag bis 2 Uhr, Freitag/Samstag bis 3 Uhr. Sonntag von 17 bis 1 Uhr. U-Bahn Universität

Der Student geht solange zur Mensa, bis er bricht. So wird ein Sprichwort abgewandelt. Völlig ungebrochen hingegen ist die Liebe der Unileute zum Atzinger. Diese Trutzburg gegen den wandelnden Zeitgeist seit der Apo-Ära widerstand allem Neon, den Yuppie-Puppies und auch der großen Müslifizierung. Atzen beim Atzinger, kein alternatives Studentenfutter, die Speisekarte trägt bayerische Züge. Natürlich sehen beim Atzinger keine Barockengerl beim Essen zu, wer einen Wirt mit kiloschwerem Charivari am Lodenhoserl sucht, ist falsch, Kleinkunstplakate und Gammelklamotten, ein anderes Bayern, nichts für Freunde der Lederkostüme mit rosa Bändchen und Hirschknöpferl.

Die würden ohnehin sterben vor Mißtrauen, denn bei manchen Edel-Bayern fangen die Preise erst dort an, wo beim Atzinger schon oberstes Limit ist: unter 20 Mark. Schade, den Dialekt der »bayerischen Ente« konnten wir nicht prüfen, denn schon am frühen Abend war die letzte weggefuttert. Wer zum Atzinger geht, will in erster Linie seinen Hunger stillen. Eine Portion Spanferkel ist so groß, daß es auch die Kessler-Zwillinge satt machen könnte, meine Schweinelendchen konnte auch ein Berg von Rahm-Egerlingen nicht verstecken.

Eigentlich ist hier der Begriff »Münchner Speisekarte« richtig gewählt, denn was Münchner Mütter kochen, muß nicht immer und ursprünglich bayerisch sein: Gefüllte Paprikaschoten oder Ripperl vom Grill etwa, was doch eigentlich in Kassel zu Hause ist, das Wiener Schnitzel soll gar aus Mailand stammen und die Frühlingsrolle – als ob der Lenz nur im fernen Osten grüßen ließe…

Tip des Hauses

Bayerische Ente auf Blaukraut mit Lauchknödel

Zutaten : 1 frische Ente (2 ½ bis 3 kg schwer), Salz, Pfeffer aus der Mühle, 1 Apfel, 2 Zwiebeln, ½ Orange, Knoblauch, Majoran, ¼ l Wasser, ¼ l Geflügelbrühe.

Zubereitung: Die Ente abspülen und trocknen, Flügel und Hals abschneiden und die Ente von innen und außen mit Salz und Pfeffer kräftig würzen.

Nein, die Liberalitas Bavariae, die Weltoffenheit, läßt sich – leichter noch als mit Lichterketten – an Atzingers Speisekarte ablesen: Rigatoni-Pfanne und griechischer Schafskäse, Guinness-Bier, Curry-Wurst, Goldbarsch – auch nicht grade aus der Würm – Cordon bleu … multikulturell vereint der Magen Speisen aus aller Welt, der Atzinger geht mit gutem Beispiel voran.

Im Atzinger hat ein Hauch von Altschwabing überlebt, ein wenig Punk und viele Studenten, und am Freitagabend kommen die, die Live-Musik schätzen und dabei in Bewegung geraten.

Apfel, Zwiebeln und Orange in kleine Stücke schneiden, mit Knoblauch und Majoran würzen und die Ente damit füllen. Dann zubinden. Flügel und Hals kleinhacken und in einen Bräter geben, die Ente daraufsetzen, das Wasser dazugießen und 2 bis 2 1/2 Stunden bei 180 Grad im Ofen braten lassen, dabei immer wieder mit dem austretenden Fett übergießen. Sobald die Ente gar ist (beim Anstechen muß klarer Saft austreten), aus dem Bräter nehmen, das Fett absondern und die Geflügelbrühe zugießen.
Nun die Entenfüllung dazugeben und weitere 20 bis 30 Minuten kochen lassen. In der Zwischenzeit die warmgestellte Ente portionieren und auf einer feuerfesten Platte anrichten. Die Ententeile mit Salzwasser einpinseln (dann wird die Haut besonders knusprig) und nochmals für 5 Minuten bei voller Oberhitze in den Ofen schieben.
Zum Schluß die Sauce durchsieben und gesondert in einer Sauciere servieren.

Gaststätte Großmarkthalle

Kochelseestraße 13 · Tel. 76 45 31. Geöffnet Montag bis Freitag von 7 bis 17 Uhr, Samstag von 7 bis 13 Uhr. Sonntag Ruhetag. U-Bahn Implerstraße

»Da mußt Du unbedingt hin«, raunte mein Freund Fred, »des is a richtiger Geheimtip.« – »Da stimmt die Mischung der Gäste«, verriet mir mein Nachbar Franz, »des is richtig urig.« Franz und Fred sprachen mit Verschwörermiene vom selben Wirtshaus: der »Gaststätte Großmarkthalle«, in der nicht etwa schwerpunktmäßig Gemüse, sondern hauptsächlich Wurst angeboten wird. Wirklich ein uriger Geheimtip? Wir wollten es wissen.

Die »Gaststätte Großmarkthalle« sieht aus, wie man sich eine gutbürgerliche Lokalität vorstellt: In den vier Stuben sitzen die Gäste an langen, soliden Holztischen.

Das alte Vorurteil, daß eine bayerische Bedienung gschert sein muß, haben wir bisher immer energisch dementiert. Seit wir der blonden Endvierzigerin in der Großmarkthalle in die Hände gefallen sind, schweigen wir zum Thema »gscherte Bedienung« höflich. »Ham S' jetzad scho was ausgsucht?«, fragte sie barsch, als wir kaum zwei Minuten die üppige Speisekarte studiert hatten. Dafür ließ sie uns längere Zeit links liegen, als wir verzweifelt ein zweites Getränk ordern wollten. Offensichtlich unterscheidet die Dame streng zwischen Stammgästen und Neulingen.

»Hat's da gschmeckt, Hans?«, säuselte sie dem Herrn am Nebentisch zu, während sie uns die leergegessenen Teller wortlos wegriß. Über die ruppige Bedienung kann jedoch jeder großzügig hinwegsehen, der einmal die Wurstspezialitäten des Hauses probiert hat. Die kälbernen Weißwürscht suchen ihresgleichen. Und auch die Briesmilzwurst war zart und nicht aufdringlich gewürzt.

Hier zeigt sich, daß der Wirt Heinz Wallner nicht nur Metzger ist, sondern sein Handwerk auch versteht. Das wissen Kollegen wie Richard Süßmeier (Forsthaus Wörnbrunn) und Christian Döbler (Weißes Bräuhaus im Tal), die beim Wallner die Weißwürste kaufen. Apropos kaufen: Alle Wurstspezialitäten gibt es auch zu Ladenpreisen an der Theke zum Mitnehmen.

Wir haben aber nicht nur die Würste probiert, sondern auch den Schweinsbraten mit Knödeln. Das Fleisch war reichlich portioniert, aber leider etwas zäh. Dafür verdient der lockere Kartoffelknödel das Prädikat »Weltklasse«. Bei den Nachspeisen ist der Kaiserschmarrn mit Kompott hervorragend.

Fazit: Die »Großmarkthalle« rentiert wegen der tollen Wurst auf jeden Fall einen Besuch. Die Fleischspeisen sind »ausbaufähig«.

Gaststätte Maxhof

Mühlthaler Straße 91 · Tel. 7 45 92 32.
Geöffnet täglich von 11 bis 1 Uhr.
U-Bahn Fürstenried-West

Ein Original gibt es in der »Gaststätte Maxhof« leider nicht mehr: den Koch Michael aus der Oberpfalz. Wenn früher die Stimmung im Lokal hohe Wellen schlug, holt er seine »Ziach« mit den Knöpfen heraus und spielte auf. Am Vatertag ließ er sich schon mal zum Spontaneinsatz überreden und servierte dann statt des Schweinsbratens ein paar deftige Lieder.

Der Maxhof hat sämtliche Höhen und Tiefen der letzten Jahrhunderte gesehen. Sei es als kurfürstliches Fasanenhaus, als Einkehr in den zwanziger Jahren oder als Pennymarkt, Diskothek, Grieche. Vor fünf Jahren walzten dann Planierraupen die Vergangenheit platt, und ein nagelneuer Maxhof entstand.

Drinnen ist alles sehr gepflegt, hell und modern-rustikal-jung bayerisch gehalten: Blümchengardinen zur blau gebeizten Holzvertäfelung, gelb marmorierte Säulen, bunte Siebdruckaquarelle mit München-Motiven, dazwischen ein bißchen uriger Schnickschnack.
Das Ambiente ist vielleicht ein bisserl gewöhnungsbedürftig, aber nicht ungemütlich.

Neu mit altbayerischen Elementen präsentiert sich auch die Speisekarte. Neben den Schmankerln – Münchner Krustenbraten, Spanferkel am Spieß und die Ochsenterrinen (stehen nicht immer auf der Karte) – beherrscht Küchenchef Fritz Mühlleitner auch die feine bayerische Küche aus dem Effeff: rosa gebratenes Hasenfilet mit Kartoffelbällchen, gemischte Marktsalate mit geräucherter Entenbrust und Orangenfilets oder hausgemachte Waldbeerengrütze mit flüssiger Sahne übergossen als Nachtisch.

Tip des Hauses

Braun eingemachtes Gamsfleisch mit Maxhof-Brezenknödeln

(Ein altes bayerisches Wildgericht des Hofkochs Rottenhöfer zu Zeiten von König Ludwig II.)

Zubereitung: Hals, Brust und Schulter von der Gams (oder Rehbock) waschen, in Stücke zerteilen und mit Essig, Brühe, Wurzelwerk, Salz, Pfefferkörnern und Thymian dünsten.

Das Publikum in der »Gaststätte Maxhof« entspricht den gehobeneren Preisen: »Guter Mittelstand«. Mittags speisen hier vor allem Geschäftsleute, abends Familien aus der Nachbarschaft. Apropos Familie – im Maxhof ist man auffallend kinder- und tierfreundlich. Wenn die Kinder nicht mehr ruhig sitzen wollen, können sie auf dem kleinen Spielplatz rumklettern und schaukeln. Und für die Zamperl steht immer eine Schale mit frischem Wasser da, und ein paar Hunde-Cookies fallen auch ab.

Ein kleines Highlight der Gaststätte ist der Biergarten. Unter schönen alten Kastanien (sie wurden Gott sei Dank vom Abriß verschont) finden 400 Durstige ein schattiges Plätzchen. Brotzeit darf man mitbringen. Übrigens – wer mit dem Radl kommt, kann im Maxhof direkt im Biergarten einparken. Nach dem Motto: mit dem Radl direkt zur Maß. In diesem Sinne: Prost!

Derweil in einem Topf Fett heiß werden lassen, einige EL Mehl und 1 Prise Zucker dazugeben und alles dunkelbraun rösten. Jetzt die Einbrenne mit Brühe aufgießen. Diese Sauce über die Gams gießen und sie darin fertig kochen. Nun werden die Fleischstücke in ein anderes Geschirr getan, die Sauce wird darüber geseiht und entfettet. Vor dem Anrichten mit saurem Rahm und etwas Zitronensaft aufkochen und mit bayerischen Brezenknödeln heiß servieren.

Gaststätte Neue Schießstätte

Zielstattstraße 6 · Tel. 78 69 40. Geöffnet Montag bis Freitag von 15 bis 24 Uhr, Samstag/Sonntag von 10 bis 24 Uhr. Mittwoch Ruhetag. Biergarten täglich von 10 bis 22.30 Uhr. U-Bahn Aidenbachstraße

Über die schlichte Schwelle am Seiteneingang des majestätischen Gebäudes an der Zielstattstraße schritten einst die bayerischen Herrscher, wenn sie zu den Turnieren der königlich privilegierten Hauptschützengesellschaft gingen. Heutzutage benützt jeder Gast die Holztür, wenn er die Sendlinger »Gaststätte Neue Schießstätte« betritt. Wenn darunter freilich auch so manch einer sein wird, der sich durchaus gern in der Tradition der bayerischen Herrscher fühlen möchte.

Doch halt! Jeder, der jetzt vermutet, daß die Neue Schießstätte ein Prominenten-Lokal ist, der tut den Wirtsleuten Christa und Robert Zeilermeier unrecht. Was die beiden aus dem schloßähnlichen Haus der ältesten Schützengesellschaft Münchens gemacht haben, kann man eher unter dem Begriff »Gehobene und trotzdem sehr reelle Gastronomie« führen.

Die Speisekarte ist – Gott sei dank – sehr übersichtlich, und sie bietet in der Hauptsache Gerichte bayerischer Kochkunst. Herr am Herd ist der Küchenmeister Andreas Martin. Angefangen bei der Grießnockerlsuppe bis hin zum Zwiebelrostbraten – das Fazit fällt eigentlich immer gleich positiv aus. Das Essen ist deftig, gut gewürzt, und es schmeichelt sogar noch den Geschmacksnerven eines Menschen, der in den vergangenen Wochen vielleicht ein bißchen zuviel an bayerischer Kost zu sich nehmen mußte.
In der Schießstätte wird sehr viel Wert auf die Spezialitäten der bayerischen Küche gelegt: Vom Obatzden bis zur Milzwurst wird hier alles hausgemacht. Besondere Beachtung verdienen auch die köstlichen Wild- und Lammgerichte.

Eine wunderbare Allianz mit dem, was die Küche zu bieten hat, geht das Bier ein. Zu einer königlich-bayerischen Wirtschaft gehört natürlich auch ein königlich-bayerischer Gerstensaft. Und der kommt hier – was schon für manche Münchner Brauereien ein ewiges Ärgernis ist – aus Kaltenberg. Das Spezial-Hell wird noch aus Holzfässern gezapft. Eine Tradition, an der die Wirtsleute auch weiterhin festhalten wollen.

Apropos Tradition: Zum Schluß begleitet uns noch ein Stück Mythos auf dem Weg aus dieser Wirtschaft. Direkt über dem Zapftresen hängt ein grüner, holzgeschnitzter Lindwurm; eine sogenannte Verkaufsschlange, an der Speck und Würste hängen. Früher, so erzählt es die Geschichte, hing so etwas in vielen Kramerläden. Mythos und Aberglaube – ein schöner Kontrapunkt zu einem der reellsten Wirtshäuser in München.

Tip des Hauses

Milzwurst

Zutaten: 1 Kalbsmilz, 1 Kalbsbries, 125 bis 250 g Kalbsleber, 125 bis 150 g Schweinefleisch, 125 bis 250 g Kalbfleisch, Zwiebel, Petersilie, Zitronenschale gewiegt, 1 Ei, 2 EL Semmelbrösel oder Haferflocken, Salz. Zum Einschlagen 1 Kalbsnetz, Fett zum Backen.

Zubereitung: Milz waschen und aus der Haut schaben. Das Bries abwellen, häuten, in Würfel schneiden, ebenso das Schweine- und Kalbfleisch, die Kalbsleber durch die Maschine geben. Alles mischen und abschmecken. Die Masse in die Milzhaut füllen und zunähen. Das Ganze 1½ Stunden in Salzwasser leise kochen lassen, einmal wenden. Anschließend auf ein Sieb tun und über Wasserdampf weitere 1½ Stunden ziehen lassen. Die Milzwurst in Scheiben schneiden, nach Belieben panieren und in heißem Fett backen.

Hofbräuhaus

Am Platzl 9 · Tel. 22 16 76.
Geöffnet täglich von 9 bis 23.30 Uhr.
U-/S-Bahn Marienplatz

Das arme Schwein! Nummer 2217 ging leider viel zu früh von uns und liegt nun in gebratener Form auf dem Teller. Die deftige Kruste zieren vier noch leicht bläuliche Zahlen im Format 3 x 2 Zentimeter und geben Aufschluß darüber, daß der Veterinär das Schwein für gut befunden und ihm postum eine Unbedenklichkeitsbescheinigung erteilt hat. Wir sind im »Hofbräuhaus« und freuen uns, daß wir zu unserem Essen endlich mal wieder einen persönlichen Bezug aufbauen können.

Oans, zwoa, gsuffa: Der Amerikaner rappt im Ententanz, der Japaner singt lauthals »Rosamunde, Rosamunde, schenk mir Dein Herz.« Scho schee – oder?

Wir machen den Test: Welchen Eindruck bekommt der Tourist von der bayerischen Küche, wenn er als ersten Anlaufpunkt seiner Reise die Schwemme des berühmten Bier-Tempels besucht? Antwort: Gar keinen oder – beziehungsweise – einen schlechten. Daß die persönliche Kennzahl des Schweins auf der Kruste ist (was ja nicht giftig ist), kann einen noch relativ gelassen lassen. Daß aber auf der eigentlichen Spanferkelsauce ein etwa 0,5 Zentimeter tiefer Fettrand schwimmt, auf dem ein Fast-food-Knödel dümpelt, ist nicht mehr einzusehen.

Soviel zum Thema Hauptspeise, aber zuerst hatten wir schließlich die Suppen zu verdauen. Das war ein harter Brocken, wahrlich, was sich in der Erdäpfelsuppe (angeblich mit Wurstscheiben) so alles findet. Oder die Tomatensuppe, bei der offensichtlich mehrere Tuben Tomatenmark dran glauben mußten. Gut, daß wir dann

condito con birra di »Hofbräuhaus«...

Das Hofbräuhaus muß auf alles vorbereitet sein. Vor allem auf Gäste, denen die bayerischen Gerichte spanisch vorkommen. Deswegen hat die Speisekarte Übersetzungen in Englisch, Französisch und Italienisch. Und da ist manches Schmankerl dabei. Statt eines Rezepts ein paar Kostproben:
2 Stück Original Münchner HB-Weißwürste mit Brezen – 2 salsicce blanche, originali di Hofbräuhaus, con Brezen (Pane Tipico Bavarese).

auf den Münchner Nudeltopf mit Weißwurstscheiben und Gemüsestreifen (auf Englisch: Munich noodlesoup with white sausage and vegetables stripes) verzichtet haben.

Das Essen als degenerierte Fußnote, zur Kompensation mußten wir uns ans Bier halten, und das ist nun wirklich ein Genuß. Sauber eingeschenkt, gut gekühlt, das war eine echte Freude, zumal die Bedienung erfrischend nett und zuvorkommend war. Wer hätte schon vermutet, daß in der Hofbräuhaus-Schwemme zwischen zwei Gängen gefragt wird, ob man gleich die Hauptspeise möchte oder lieber eine Zigarette rauchen will?

Ist das Essen erst verdaut, sitzt es sich urgemütlich – auch wenn einem schon der siebte Mensch im Trachtenjanker (mal ein Sachse, mal ein Hamburger) leutselig auf das Schulterblatt gedroschen hat. Nach der zweiten Maß gerät man ins Sinnieren: Wäre es nicht für alle Beteiligten besser gewesen, wenn wir dem Schwein noch zu seinen Lebzeiten begegnet wären?

Portion Spanferkel mit Hofbräuhaus-Bier gebraten – Cochon de lait grillé à bière du Hofbräuhaus.
Schwäbischer Putenrostbraten mit braunen Schmorzwiebeln, Sauce und Spätzle – Swabian roast joint of turkey-hen with brown braised onions and »Spätzle«.
Obatzder – Camembert mit HB-Weißbier – Obatzder – camembert condito con birra bianca delli »Hofbräuhaus«.

Hundskugel

Hotterstraße 18 · Tel. 26 42 72.
Geöffnet täglich von 10 bis 24 Uhr.
U-Bahn Sendlinger Tor

Was kommt wohl heraus, wenn sich ein stadtbekannter Couturier ein Wirtshaus kauft? Sicher eines der schönsten Gasthäuser Münchens. Rudolph Moshammer hat vor 13 Jahren von der Löwenbrauerei Münchens ältestes Lokal, die »Hundskugel«, erworben und sie mit viel Liebe und sicher viel Geld restauriert. Der schöne Rudi schneidert allerdings weiter in der Maximilianstraße teure Sakkos auf prominente Leiber und wirkt nicht in der Küche. Das Lokal ist verpachtet, wird aber vom Hausherrn oft und kritisch beim Essen getestet.

Zwei Bedingungen hat Moshammer an die Pächterin Barbara Sigg gestellt: Es darf keinen Ruhetag geben, und die Küche muß bayerisch-bürgerlich sein. Daran hält sich die Herrin des gotischen Gebäudes, das 1440 erstmals im Grundbuch erwähnt ist, auch strikt, lediglich mit der bayerischen Begrifflichkeit bei den Gerichten hapert es noch. So aßen wir, was auf der Speisekarte als Kalbskeule mit Pfifferlingen und Semmelknödel stand.

In einem bayerischen Lokal hätten wir natürlich lieber eine Haxn als eine Keule gegessen. Und noch lieber wäre es uns gewesen, wenn die lätscherten Pilze nicht aus der Dose gefischt worden wären. Deshalb merke dir, lieber Koch: besser ein frischer Champignon als ein konservierter Pfifferling, der in Bayern übrigens Reherl genannt wird.

Nichts zu meckern gab es an der gekonnt abgeschmeckten Sulz mit Röstkartoffeln und dem Schweinsbraten mit Kruste. Himmlisch war der Kaiserschmarrn mit Apfelkompott. Auf den Boden der Tatsachen holte uns allerdings schnell der anschließende Espresso, bei dem es sich – igitt! – um ein Instantgebräu handelte. Mit den Getränken hat der Service ohnehin nicht immer eine glückliche Hand. Beim letzten Testessen – die »Hundskugel« liegt in Redaktionsnähe und unterliegt deswegen seit Jahren unserer permanenten Qualitätskontrolle – bekamen wir die erste Halbe Löwenbräu nach(!) dem Hauptgang ausgehändigt.

Moshammer, der übrigens auch das Wirtepatent gemacht hat, ist nach eigenen Aussagen in seinem Lokal oft und gern zu Gast. »Natürlich meckere ich konstruktiv herum«, sagt der gebürtige Münchner, dessen Leibspeise geröstete Knödel sind. »Die ›Hundskugel‹ soll eine Art Wohnzimmer für jedermann sein.«

Tip des Hauses

Böfflamott à la Moshammer

Zutaten: 1 kg Ochsenfleisch vom Tafelspitz, 40 g Mehl, 50 g Butter, Salz, Zucker. Für die Beize: ½ l Rotwein, ½ l Weinessig, einige Nelken, Pfefferkörner, Lorbeerblatt, 1 Zwiebel.

Zubereitung: Fleisch im Stück für zwei Tage in die Beize legen. Dann in kochendem Wasser gar kochen lassen.
Aus Mehl und Butter eine dunkle Einbrenne herstellen und nach und nach mit der Beize aufgießen. Mit Salz und Zucker abschmecken, bis die Sauce einen süßsauren Geschmack angenommen hat.
Das Fleisch in dünne Scheiben schneiden und in der Sauce anrichten. Dazu passen Kartoffelknödel.

Kaisergarten

Kaiserstraße 34 · Tel. 34 77 52. Geöffnet täglich von 11 bis 1 Uhr, Biergarten bis 24 Uhr. U-Bahn Münchener Freiheit

Tip des Hauses

Bayerische Flugente

Zutaten: Flugente (2400 g), 2 Äpfel, 1 Zwiebel, Salz, Pfeffer, Paprika, 1 EL Butterschmalz, Majoran, 1/2 l Brühe, 1 Kopf Rotkohl, 1 Zwiebel, 1 Orange, Zimtstange, Wacholderbeeren, Nelken, Pfeffer, 1/4 l Rotwein.

Zubereitung: Die Ente ausnehmen, waschen, mit Salz, Pfeffer und Paprika würzen. Äpfel und Zwiebel vierteln und mit Majoran kurz andünsten. Die Ente

Also, um es gleich vorweg zu sagen: Mit einer waschechten bayerischen Wirtschaft hat der »Kaisergarten« nichts zu tun. Vielleicht färbt die Umgebung ein bißchen ab? Das Flair um den Kaiserplatz herum ist nämlich eher mondän als urig: teure Appartements, Kanzleien, Jugendstilvillen.

Das Publikum kommt aus der Nachbarschaft. Junggebliebene Rechtsanwälte, schicke Studenten, Film- und Fernseh-People. Geschäftsführer Wilhelm Hübl, selbst ein Zuagroaster, ist seit 1989 im Kaisergarten und führt eigens eine Stricherlliste darüber, wann und mit wem wichtige Promis in seinem Lokal aufgetaucht sind.

Passend zur Umgebung und den Gästen gestaltet sich auch das Interieur des Kaisergartens: modern, schwarze Tische, neue Lampen, gemütlicher Bistrostil. Ist da noch Platz für Bodenständiges? Auf den zweiten Blick – ja. Die Speisekarte präsentiert sich abwechslungsreich international mit bayerischen Anflügen.

Küchenchef Klaus Sebald (aus Eching) läßt sich bei seinen Kreationen gern italienisch inspirieren. Bekannt ist der »Kaisergarten« für seine hausgemachten Nudeln, die der Gast nach Lust und Laune mit Saucen nach Wahl kombinieren kann. Auch Vegetarisches gibt's: frische Austernpilze in Schnittlauchrahm mit gerösteten Serviettenknödeln oder Berner Rösti mit frischem Gartengemüse.

Die Fischgerichte im »Kaisergarten« stammen hauptsächlich aus der Mittelmeerküche, und sie können sich bezüglich der kulinarischen Kombination und auch, was die Preise anbetrifft, sehen lassen, beispielsweise: Grenadierfilet mit Kräutern und Gemüse in Folie gebacken oder das Zanderfilet und Basilikumcreme mit Wildreis und Mandelbrokkoli.

Wer jetzt immer noch nach bayerischen Gerichten sucht, sucht nicht umsonst: Holzfällersteak und Röstzwiebeln, Schweinshaxn mit Apfelblaukraut und Kartoffelknödel oder Apfelkücherl mit Zimtzucker halten tapfer die weiß-blaue Stellung.

Neben der Standardkarte gibt es auch eine Tageskarte, die täglich ein anderes preiswertes Menü bietet.

Eine Attraktion ist der kleine Garten am Haus. Hier sitzt man gemütlich und dank üppiger Begrünung relativ gut abgeschirmt vom Straßenlärm. Im Sommer ist der Garten meistens brechend voll, aber es wird doch immer schnell wieder ein Plätzchen frei. Ein Wermutstropfen ist, wie bei allen Münchner Biergärten, die frühe Sperrstunde. Ab 22.30 Uhr gibt's nichts mehr zu trinken.

damit füllen, zunähen und im 200 Grad vorgeheizten Ofen ca. 2 Stunden braten. Dabei immer wieder mit Brühe oder dem eigenen Saft begießen. Rotkraut sehr dünn hobeln oder schneiden; 2 Tage in einer Marinade aus Rotwein, Zwiebel und Apfelvierteln, Orangenscheiben, Zimtstangen, Wacholder, Nelken, Pfeffer eingelegen. Das Kraut in der Marinade bei kleiner Hitze 2 Stunden lang schmoren lassen. Nelken, Zimtstangen herausfischen und abschmecken.

Kuchlverzeichnis

Rosenheimer Straße 10 · Tel. 48 17 49. Geöffnet täglich von 11 bis 1 Uhr. S-Bahn Rosenheimer Platz

Gegenüber ist der Gasteig, um die Ecke das Penta-Hotel, schräg über die Straße das City-Hilton – die Laufkundschaft im »Kuchlverzeichnis« ist international oder wenigstens kunstbeflissen und bestimmt nicht arm. Um so verdienstvoller, daß die Hauptgerichte in ordentlichen Portionen auf den Tisch kommen, von lederbehosten Kellnerinnen charmant serviert. Das vermittelt Lokalkolorit, sind doch Lederhosen ein weltweit gültiges Bayern-Synonym, und von Dirndln hat man in Japan vielleicht noch nichts gehört.

Wirt Manfred Bähr – aus Baden-Baden stammend, aber mit prachtvollem Schnauzbart und Trachtenjanker allabendlich als Bayern-Darsteller präsent – paßt da gut ins Bild. Welche Kuchl verzeichnet er wo, oder was hat der Name zu bedeuten? Das Köchelverzeichnis, in dem sämtliche Mozart-Partituren aufgelistet sind, inspirierte den privat klavierspielenden Herrn Bähr vor acht Jahren zu der Namensgebung. Kuchen gibt's nicht, dafür aber eine ausgezeichnete Auswahl an Süßspeisen, allen voran die Quarknockerl auf Waldbeerensauce, aber auch eine Mousse au chocolat – man ist ja schließlich international.

Das Wirtsehepaar Judith und Manfred Bähr hatte früher Münchner Gaumen mit französischen Spezialitäten im »Le Miroir« verwöhnt, bis man feststellte, daß »die Leut' die übertriebene Küche nicht mehr wollen«. Recht so – angenehm aber auch die mitgebrachte Erfahrung, daß nur Frisches auf den Tisch darf. Deshalb wechselt die Speisekarte im »Kuchlverzeichnis« zweimal täglich: mittags preiswert-solide, abends bayerisch-kulinarisch. Einziges Standardgericht: Schweinsbraten in Dunkelbiersauce.

Tip des Hauses

Quarknockerl mit Waldbeeren

Nach dem Hausrezept von Kuchlverzeichnis-Koch Wolfgang Treutheit (für vier bis fünf Personen):

Die Nockerl:
450 g Quark (mittelfett), 150 g Sauerrahm und 2 Eier verrühren.

Das wunderbar zarte Bœuf à la mode glitt angenehm auf einer feinen Rotweinsauce daher. Knusprig und fleischig die Bauernente, die die beiden Knödel an den äußersten Rand des Tellers drängte – was kein Schaden war – zeigt sich doch das Kapitel Knödel hier von der unerfreulichen Seite – wenig über Pfanni-Niveau. Zur hervorragenden Riesenportion Ochsenbrust gab es Petersilienkartoffeln. Unerfreulich das Wirsinggemüse, das unter dem Sahnepampf nur zu erahnen war. Wir haben es zur Hälfte geschafft, hatten doch Leberknödelsuppe (ordentliche Verdrängungsleistung in frischer, schmackhafter Rinderbrühe) und Kartoffelsuppe (mit Stücken) schon für eine Grundlage gesorgt. Der »knackig frische Salat« war wirklich so, aber leider von einer uninspirierten Sauerrahmsauce ziemlich schlecht behandelt worden.

Aber wir sind ja nicht beim superpingeligen Franzosen, und was fleischmäßig auf die Teller kam, war wirklich begeisternd. Auch das Ambiente ist angenehm: ein weiter, eher heller Raum mit Tischen, an denen auch eine Großfamilie Platz findet. Oder eine bunt zusammengewürfelte Gesellschaft für einen Abend: Neben uns speisten zufriedene Italiener, ein paar Tische weiter hatte der Wirt vier Amerikaner zu einem deutschen Ehepaar gesetzt. Die Stimmung ist locker, die Lederhosen-Kellnerinnen granteln im Gegensatz zu vielen Dirndl-Kolleginnen keine Spur. Und weil die Weinkarte so mager ausfällt (drei Weiße, zwei Rote offen), bleibt nur der Griff zum bayerischen Bier (Spaten und Franziskaner).

5 Eigelb mit 125 g Zucker im Wasserbad schaumig aufschlagen, 5 cl Grand Marnier und 4 eingeweichte Blatt Gelatine dazugeben. Das Ganze unter die Quarkmasse heben, ein paar Stunden kaltstellen, mit 2 Suppenlöffeln die Nockerl abstechen.

Waldbeerensauce: Beeren mit Rum, Rotwein und Zucker aufkochen, zur Hälfte reduzieren lassen, bis die Masse dickflüssig ist. Durch ein feines Sieb streichen, abkühlen lassen und in dünner Schicht auf die Teller geben. Nockerl darauf anrichten, mit einigen Beeren garnieren.

Leopold

Leopoldstraße 50 · Tel. 3 83 86 80. Geöffnet täglich von 10 bis 1 Uhr, warme Küche von 10 bis 24 Uhr. U-Bahn Giselastraße

Viel wird über den Niedergang bayerischer Wirtshaus-Kultur geredet, und wenn es ein krasses Beispiel dafür gibt, dann die Leopoldstraße. Der ehemalige Pracht-Boulevard ist zur Plastik-Meile verkommen, zum Trampelpfad der Fast-food-Yuppies. Da wiegt es doppelt, wenn eine urbayerische Oase allen Anfeindungen trotzt. Zwar hat sich auch das »Leopold« – vom legendären »Papa Benz« gegründet – 1995 ein neues Gewand gegeben (nicht zum besten der Gastlichkeit): Trotzdem strahlt es viel Sympathie aus.

Das Wirtshaus ragt mit seinem Erkerturm aus dem Allerlei der Straße. Eine schwere Holztür führt ins Innere, in dem nur noch die Bilder an den Wänden an die Zeit erinnern, als Poeten wie Ringelnatz, Erich Kästner und Thomas Mann hier Stammgäste waren.

Wir wählten Hirschbraten. Dabei pirscht sich der hungrige Weidmann vorbei an sechs Kroketten, einer halben Birne mit Preiselbeeren und durch einen Berg von Speck, Zwiebeln, Rosenkohl und Champignons, bis er schließlich den Hirsch entdeckt hat. Der Braten aber, zart und wildig, entschädigt für die lange Suche.

Wenn das »Leopold« dem Ruf Wirtshausoase gerecht wird, dann liegt's an dreierlei: die Bedienung ist freundlich, das Lokal pflegt seine Stammgäste, und die Preise sind unmünchnerisch kommod.

Wäre noch das Thema Getränkekarte nachzutragen, für die der Leopold-Eigentümer Hofbräuhaus zuständig ist: Die Halbe ist eine echte Halbe. Doch die Münchner Unsitte gilt auch hier: Warum kostet die halbe Halbe über die Hälfte mehr als die Halbe?

Pfistermühle

Pfistermühle, Pfisterstraße 4 · Tel. 23 70 38 65.
Geöffnet Montag bis Samstag von 12 bis 14 Uhr und von 18 bis 1 Uhr, warme Küche bis 22.30 Uhr.
U-/S-Bahn Marienplatz

Es ist nicht das älteste Wirtshaus in der Stadt, aber wahrscheinlich das schönste: Die »Pfistermühle«, gleich beim Platzl um die Ecke. Ihr Inneres schmücken Gewölbe von 1573, aus derselben Zeit stammt auch die Steintreppe im Lokal. Der Wirt Peter Inselkammer hat die ehemalige herzogliche Mühle Albrechts V. 1987 stilgerecht restaurieren lassen. Erstaunlich, wie man ein Wirtshaus mit viel Liebe und Geld herrichten kann.

Mit Liebe wird in der »Pfistermühle« auch gekocht. Wir delektierten uns bei unserem Besuch an einer Ente in zwei Gängen. Serviert wurden sie von einer freundlichen Bedienung. Bei der zuvor genossenen, gut gewürzten und nicht zu sahnigen Selleriesuppe fiel uns die außergewöhnliche Meerrettichsuppe ein, die unbedingt wieder auf der Tageskarte stehen sollte.

Die »Pfistermühle« ist kein bayerisches Lokal im eigentlichen Sinne, auch wenn die Bedienungen im Dirndl servieren. Geboten wird eine Küche mit überwiegend regionalen Produkten, selbst Klassiker wie Ente oder Spanferkel kommen leicht und ohne viel Fett aus dem Ofen auf den Tisch.

Zart und saftig schmeckten der Kalbsrücken mit Bries und Leber, etwas trocken gerieten dafür die Hirschmedaillons mit rosa Linsen. Bei den relativ teuren Desserts war die Mohncreme ordentlich, der Ingwerflammeri noch besser.

Fazit: Die »Pfistermühle« ist kein billiges, aber ein gutes Restaurant nach der Devise »Erlesen speisen in historischen Gewölben«.

Lindwurm-Stüberl

Lindwurmstraße 32 · Tel. 53 46 38. Geöffnet von 10 bis 24 Uhr, warme Küche von 11.30 bis 21.30 Uhr. Sonntag Ruhetag. U-Bahn Goetheplatz

Es gibt keine Zweifel: Auf die inneren Werte kommt es an. Wer sich von Äußerlichkeiten abschrecken läßt, der verpaßt die Chance, hinter der Fassade den guten Kern zu entdecken. Das trifft auf manche Menschen zu, aber auch auf einige Wirtshäuser: Das »Lindwurm-Stüberl«, von außen eine unansehnliche eingeschossige Baracke, ist einer dieser verkannten Charaktere in München. Das Erscheinungsbild des braungestrichenen Flachbaus direkt an der Lindwurmstraße läßt sogar den Wirt den Blick senken. Doch so gschamig braucht Wolfram Ensle wirklich nicht zu sein. Denn, wie gesagt: Auf die inneren Werte kommt es an.

Die kann man hinter der Eingangstür entdecken. Dort verkauft Frau Wirtin seit 20 Jahren von mittags bis in den Abend die wunderbaren halben Hendl zum Mitnehmen: »Ein Geheimnis gibt's nicht«, sagt Margot Ensle, »Pfeffer, Salz, Petersilie – frisch müssen d' Hendl halt sein.« Ein fester Kundenstamm aus den umliegenden Büros, Kanzleien und Wohnungen ersetzt das Qualitätsurteil.

Zwar geben die Hendl der Wirtschaft ihren zweiten Namen »Hühnerbraterei«, die Küche ist damit aber nicht am Ende. Hinter dem Straßenverkauf beginnt die Wirtschaft und damit ein Stück Münchner Alltagstradition. Hier gibt es keine »Knöderl vom Semmerl zum Braterl vom Schweinderl«, sondern einen saftigen und zarten Schweinsbraten mit Knödel und Salat. Es gibt Filetspitzen mit Pfifferlingen, Rösti und Salat, aber auch geröstete Knödel mit Salat. Hier gibt es ausgezeichnete Nudelsuppe mit Huhn und Hirschgulasch mit Spätzle und Salat. Alles nicht der Himmel, an dem Michelin-Sterne hängen, aber gute und preiswerte Kochkunst.

Tip des Hauses

Ensle-Dampfnudeln mit Vanillesauce

Jeden zweiten Freitag hat Lindwurmstüberl-Wirt Wolfram Ensle Dampfnudeln mit Vanillesauce auf der Speisekarte stehen. Hier sein Rezept.

Hier wird das Bier auch nicht im Showroom vor den Gästen gebraut, sondern kommt vom Augustiner, hier kocht der Chef, und der gibt sich Mühe: »Bei uns stimmt halt das Preis-Leistungs-Verhältnis«, meint Wolfram Ensle in aller Bescheidenheit.

Aber nicht nur das. Auch die Bedienung glaubt nicht, daß sich Münchner Charme im Granteln und eigensinnigen Wegsehen erschöpfe, wenn der Gast etwas wünscht. Die freundliche Atmosphäre im »Lindwurm-Stüberl« fällt angenehm auf.

Apropos: Natürlich ist es gemütlich, inmitten originalimitiertem Bräustüberl-Ambiente zu speisen und sich dabei zu fühlen, als säße man im vorigen Jahrhundert. Aber dazu der Blick von der heizstrahlergewärmten Glasveranda auf das Münchner Straßenleben von heute hat schon seinen eigentümlichen Reiz. Es gilt: man muß nur hinter die Fassade schauen.

Zutaten: 600 g Mehl, ca. 1/2 l Milch, 30 g Hefe, 60 g Zucker, 1/2 Päckchen Vanillezucker, 1 Ei, 1 Eigelb, 1 gestrichener TL Salz, 60 g zerlassene Butter, abgeriebene Schale und Saft 1/2 Zitrone, 1 EL Rum.

Zubereitung: Aus den angegebenen Zutaten einen halbfesten Hefeteig herstellen und gut abschlagen. 1/2 Stunde gehen lassen und nochmal abschlagen. In einem breiten, niedrigen Topf etwa 200 g Butter oder Butterschmalz zerlaufen lassen. Mit dem Löffel eigroße Nudeln abstechen, semmelrund ausformen, in die lauwarme Butter im Topf setzen. Gehen lassen, bis keine Zwischenräume mehr da sind. Mit der Milch begießen, und bei mittlerer Hitze und geschlossenem Deckel dämpfen. Wenn es leise brutzelt und nach Butter riecht, sind die Nudeln fertig. Noch 10 Minuten stehen lassen, dann mit Vanillesauce servieren.

Nürnberger Bratwurst Glöckl am Dom

Frauenplatz 9 · Tel. 29 52 64 und 22 03 36.
Geöffnet täglich von 9.30 bis 24 Uhr, durchgehend warme Küche.
U-/S-Bahn Marienplatz

Der Altbayer hat nun einmal gewisse Vorurteile gegen die Franken. Die – nämlich die Vorurteile – schwinden freilich rasch, wenn es um Kulinarisches geht. Obwohl das »Nürnberger Bratwurst Glöckl am Dom« einen fränkischen Vornamen trägt, haben die Münchner die Gaststätte längst als uriges Münchner Wirtshaus vereinnahmt. Im behaglich verrauchten Dunkel der holzgetäfelten Kneipe bleibt den Gästen schon allein wegen der räumlichen Enge gar nichts anderes übrig, als sich mit ihrem Tischnachbarn zu vertragen. Das Bratwurst Glöckl feierte übrigens im August 1993 seinen 100. Geburtstag.

Grundnahrungsmittel sind – wie könnte es im Bratwurst Glöckl auch anders sein – die Schweinswürstl, die sich von ihren oft lätscherten Verwandten in den meisten anderen Lokalen dadurch wohltuend unterscheiden, daß sie sehr sorgfältig auf offenem Buchenholzfeuer zubereitet werden. Das gibt ihnen eine ganz besondere Würze. Vom offenen Feuer, das höchst dekorativ im Lokal vor sich hinlodert, kommen aber auch anspruchsvollere Fleischspeisen wie beispielsweise Rindslende oder zartes Filet. Anspruchsvoll sind aber auch die Preise.

Auf den internationalen Küchen-Schnickschnack legen die Wirtsleute keinen Wert; sie halten sich lieber ans Bodenständige. Zum Beispiel an den Schweinsbraten, dem hier erfreulicherweise der Ertrinkungstod in einer Allerweltssauce erspart bleibt – es kommt ausschließlich der Bratensaft ans Fleisch. Für dieses Münchner Nationalgericht werden im Bratwurst Glöckl nur Kotelettstücke oder Halsgrat verwendet.

Tip des Hauses

Gefüllte Spanferkelbrust aus dem Rohr

Zutaten: Eine Spanferkelbrust vom Metzger schneiden lassen.
Für die Füllung: 5 alte Semmeln, etwas heiße Milch, 3 Eier, Muskatnuß, Salz, Pfeffer, ½ Zwiebel, Petersilie.
Für die Sauce: etwa 400 g frische Kalbs- und Schweinsknochen, ¼ l Bier, 2 Zwiebeln.

Die eigentliche Sensation dieses Wirtshauses aber ist das Bier, das hier grundsätzlich aus dem Holzfaß fließt. Der Container ist verpönt; ebenso wie moderne Kühltechnik. Die Wirte Gerhard, Michael und Christine Beck lassen sich aus der Schweiz extra Stangeneis liefern, mit dem sie ihre Fässer kühlen. Die durch das Eis erzeugte Luftfeuchtigkeit im Lagerkeller gibt dem Gerstensaft seine besondere Frische. Serviert wird das Bier in besonders dünnwandigen Gläsern, was den Genuß noch erhöht.

Wer ins Bratwurst Glöckl geht, muß allerdings Geduld mitbringen, denn in den beiden Gasträumen herrscht fast immer Platznot. Die Stammgäste verteidigen schon ab dem späten Vormittag ihre Stühle. Um Wartezeiten zu überbrücken, ist eine Halbe im Stehen in der Gassenschänke als Einstieg auch nicht zu verachten.

Zubereitung: Die Semmeln in kleine Würfel schneiden und das Brot mit Milch, Eiern, Petersilie und kleingehackten, angebratenen Zwiebeln vermischen. Dann mit Muskatnuß, Salz und Pfeffer würzen. Die Fülle anschließend in die Spanferkel-Brusttasche geben, die zuvor mit Salz und Pfeffer ausgerieben wurde. Den Braten zunähen und ihn zusammen mit den Knochen und den Zwiebeln ins Rohr schieben. Die Bratzeit dauert je nach Fleisch und Herd zwischen 90 Minuten und 2 Stunden. Das Fleisch von Zeit zu Zeit mit Bier ablöschen.

Paulaner Bräuhaus

Kapuzinerplatz 5 · Tel. 53 03 31. Geöffnet täglich von 10 bis 1 Uhr, Küche von 10 bis 23.30 Uhr. U-Bahn Goetheplatz, Bus 58

Erst kommt man nicht rein und dann nicht raus. Das ist das Fatale am »Paulaner Bräuhaus«. Wenn man – nach der zehnten Runde um den Block – endlich einen Parkplatz gefunden hat, der gewährleistet, daß der Wagen nur einen Strafzettel bekommt und nicht abgeschleppt wird, beginnt die Jagd auf einen Tisch. An beidem wäre dieser Essenstest beinahe gescheitert. Aber der Zufall wollte es, daß wir nach einer halben Stunde doch unser Bier bestellen konnten – hausgebraut und naturtrüb. Das wiederum war so lecker, daß wir mehrere tranken, was den Essenstest erneut in Gefahr brachte. Aber wir hatten ja bis zur Sperrstunde Zeit, und solange läßt es sich im »Paulaner Bräuhaus« gut aushalten.

Der Wirt Christian Vetter kennt die Probleme seiner Gäste: »Seit der Eröffnung 1989 hat sich unser Haus als Attraktion herumgesprochen. Zu Messezeiten werden wir regelrecht überrannt.« Was die Leute sehen wollen? Die kleine Hausbrauerei, aus der jährlich 2 500 Hektoliter Weißbier und Helles fließen. Und sie wollen das Flair erleben, das so charakteristisch ist für diese »heiligen Hallen«.

Das Brauen hat am Kapuzinerplatz 5 übrigens Tradition. Genau 100 Jahre bevor Paulaner einzog, brauten die Gebrüder Thomas dort ihr erstes »Thomas-Bräu«.

Die Gaststätte hat 350 Plätze in drei bayerisch-gemütlichen Räumen, die durch moderne Designerlampen beleuchtet werden. Geheimtip ist die Bibliothek, in der man zwischen Büchern schlemmen kann. Oder man sucht sich einen Stehtisch neben dem kupferglänzenden Sudkessel mitten im Restaurant.

Schon wegen des Bieres, soviel kann man bereits sagen, lohnt es sich, um Park- und Sitzplätze zu kämpfen. Nun zum Essen. Es wird schnell serviert, meistens von jungen Bedienungen, die für bayerische Wirtshäuser ungewöhnlich nett sind. Da bekommt man als Gast glatt ein Gefühl, das man schon lange nicht mehr kennt – nämlich ein kleiner König zu sein.

Der Jungschweinsbraten schmeckt erstklassig. Keine Fettaugen sind auf der Sauce, und das Fleisch ist auch nicht zu dick geschnitten. Eine Spezialität des Hauses ist außerdem die gebratene Ente; das Kalbslüngerl sauer mit Semmelknödel ist ebenfalls zu empfehlen, und das Kapuziner Biergulasch am Nachbartisch wird von vielen Augen hungrig beobachtet.

Aber nicht nur deftig, sondern auch leicht kann gegessen werden. Leider kommt der Spargel nur lauwarm auf den Tisch. Sehr lecker ist jedoch der Zander. Und das beliebteste Dessert sind die Apfelkücherl mit Eis. Chefkoch Husel trägt somit auf seine Art dazu bei, daß es schwerfällt, den umkämpften Sitzplatz wieder zu verlassen.

Paulaner Keller

Hochstraße 77 · Tel. 4 59 91 30. Geöffnet täglich von 9 bis 1 Uhr.
S-Bahn Rosenheimer Platz

»Ein Geschrei und Gejohl' und ein Pfeifen empfängt uns da. Die Hälfte der Gäste – männlich und weiblich – liegt auf dem Boden oder hält stehend das edle Naß in der Hand.« Richtig, vom »Paulaner Keller« auf dem Nockherberg ist hier die Rede, Münchens Starkbier-Hochburg. Allerdings geht es so freizügig, wie es der Chronist aus dem Jahr 1875 berichtet, heute in der Großgaststätte der Paulaner-Brauerei nicht mehr zu. Und auch was aus der Küche kommt, die der Ex-Käfer-Mann Horst Schatz führt, hält gehobenen Ansprüchen stand.

Der Aschermittwoch ist traditionell der Ausnüchterung und damit maritimer Kost vorbehalten. Wir haben auf dem Nockherberg vorgekostet. Fazit: Fischfang auf Giesings Höhen lohnt sich.

Dem Küchenmeister Schatz, einem gebürtigen Garmischer, merkt man an, daß er im noblen Atlantic-Hotel in Hamburg ausgebildet wurde: Der Mann versteht was von Fischen. Sein Congerfilet, ein zarter Meeraal auf Lauch-Karotten-Gemüse, ist vom Feinsten.

Allerdings: Außer am Aschermittwoch bietet die umfangreiche Speisekarte 364 Tage lang bevorzugt fleischliche Genüsse, zum Teil recht lustvoll. Die Tafelspitzsülze mit Lauchgemüse schmeckt hervorragend, und die dazu gelieferten Bratkartoffeln sind ein Produkt bester Hausmacherschule. Ein absolutes Schmankerl, bevorzugt den Gwamperten und Gwappelten bei der Salvator-Probe serviert, ist der gefüllte Kalbskopf mit einer sensationellen Weißbrot-Kalbfleisch-Füllung, die mit Sardellen gewürzt wird, ohne daß sie salzig oder fischig schmeckt.

Tip des Hauses

Gebratener Saibling auf Bärlauchsauce

Zutaten (für vier Personen): 4 Saiblinge (von je etwa 250 g), 3 EL Öl, 1/2 Zitrone, 80 g Butter, 1/2 Lauchstange, 5 EL Fischfond, 5 EL (trockener) Weißwein, 1/2 Tasse Schlagrahm, 2 EL Crème fraîche, 5 Blätter Bärlauch.

Eine Formkrise hatte die Küchenmannschaft allerdings bei den Suppen. Die Stockschwämmchen in der Kartoffelsuppe müssen ziemlich lange eingeweicht worden sein – sie waren mehr Schwamm als Schwammerl. Auch der Ochsenschwanz in der Rosenkohlsuppe schmeckte wie ein abgehangenes Dosengulasch. Beim Schwammerlgulasch mit Speckknödel dagegen lief das Kochlöffelteam vom Nockherberg wieder zu seiner Hochform auf. Und der Krapfenauflauf mit Vanillesauce als süßer Kuß zum Schluß war ein wirklich gelungener Faschings-Kehraus.

Peter Pongratz, der rührige Wirt vom »Paulaner Keller«, hat in den sechs Jahren, die er das Zepter auf dem Nockherberg schon schwingt, den ehedem lädierten Ruf der Gaststätte wieder auf Vordermann gebracht. Und wenn wie jedes Jahr zur Fastenzeit der Berg ruft, dann gilt die Starkbier-Lyrik von Karl Valentin: »Blick' ich von dieser Gipfelshöh, dann seh ich keinen Ammersee, nur den besoffenen Alise.« In diesem Sinne, Prost!

Zubereitung: Fischfond und Wein erhitzen, Sahne, Crème fraîche und Bärlauchblätter dazugeben, mit Salz und einer Prise Cayennepfeffer würzen und das Ganze mit dem Stabmixer gut aufschlagen.
Die Sauce kurz ziehen lassen, dann 30 g kalte Butter mit dem Schneebesen unterschlagen.
Die ganzen Saiblinge innen und außen mit Salz und Zitrone würzen. Mit dem Öl im Rohr bei etwa 250 Grad auf beiden Seiten braten.
Nach 10 Minuten das Öl abgießen und 50 g Butter zufügen. Nach ein paar Minuten die Saiblinge herausnehmen, vom Rücken her filetieren und aufgeklappt (ohne Kopf) anrichten. Mit der Bärlauchsauce umgießen.
Das Weiße vom Lauch in feine Streifen schneiden. Im heißen Fett kurz goldgelb fritieren und über die Saiblingfilets streuen.

Sankt-Emmerams-Mühle

**Zu erreichen über die Oberföhringer Straße
Tel. 95 39 71. Geöffnet täglich von 11 bis 1 Uhr, Biergarten bis 23 Uhr, warme Küche von 11.30 bis 14.30 Uhr und von 18 bis 22 Uhr.
U-Bahn Arabellapark, Bus 88 und 188**

Wer in der »Sankt-Emmerams-Mühle« Brotzeit macht, ernährt sich auf historischem Boden. Ganz nahe stand die bekannte Isarbrücke von Oberföhring, die Heinrich der Löwe 1158 niederreißen ließ – ein Abbruchunternehmen, dem München bekanntlich seine Gründung verdankt. So viel Geschichte verpflichtet. Zum Beispiel zu einem Bekenntnis zur bayerischen Wirtshauskultur. Und die nehmen die Wirtsleute Sabine und Peter Fischer auf ihre Weise ernst.

Was auf den Tisch kommt, zeugt von kultivierter Deftigkeit und ist ohne Schnickschnack. An den Holztischen finden sich gern Gäste aller Couleur ein, die bei Briesmilzwurst, gebackenem Kalbskopf oder sauren Kutteln die Haute Cuisine einmal vergessen wollen.

Die Küche im urigen Wirtshaus, das eine Mühle war, will bodenständig bleiben und vermeidet alle Höhenflüge. Das bedeutet aber nicht, daß geschlampt wird. Im Gegenteil. Seit vielen, vielen Jahren erbringt die Küche den Beweis, daß auch Schweinshaxe mit Blaukraut oder Rinderbackerl mit Zwiebelsud sehr wohl Delikatessen sein können. Alles, was vom Schwein kommt, ist in der »Sankt-Emmerams-Mühle« sehr beliebt – Schweinsbraten, Spanferkel oder die bereits erwähnte Schweinshaxe. Und nach dem Genuß des Apfelstrudels verläßt man das Lokal in Hochstimmung!

Zu den Attraktionen der Mühle, deren Kellner und Kellnerinnen ausnehmend freundlich sind, gehört der Biergarten – im Sommer ein ideales Radelziel. Er ist ohne Übertreibung eine der schönsten Brotzeitstationen der Stadt – auch deshalb, weil das muntere bis flippige Publikum hier gern Münchner Ausgelassenheit spielt.

Zum Dürnbräu

Dürnbräugasse 2 · Tel. 22 21 95. Geöffnet täglich von 9 bis 24 Uhr, warme Küche bis 23.30 Uhr. S-/U-Bahn Marienplatz

Also: Im Spatenhaus ißt man besser, im Franziskaner sitzt man netter und im Weißen Bräuhaus sind die Bedienungen freundlicher. Aber der Dürnbräu im Tal ist trotzdem täglich vollbesetzt, und besonders unglücklich schauen die Gäste auch nicht aus. Deshalb machten wir uns also auf, das Geheimnis dieser Wirtschaft zu ergründen.

Der Dürnbräu ist immer voll, weswegen es dort auch besonders laut ist. Man sitzt an langen Tischen mit fremden Menschen, die häufig und unaufgefordert ihre Lebensgeschichte erzählen.

Darauf bauend, daß die Gäste dieses Lokals nicht pingelig sind, brachten wir nicht nur ein Kind, sondern auch einen (Leih)Hund mit. »A Kind und an Hund«, stöhnte eine Bedienung, wir blieben trotzdem und bestellten bei einer etwas freundlicheren Kollegin. Die Riesenportion Tafelspitzsülze war ordentlich, wenn auch zu stark geliert. Das gemischte Gekochte vom Ochsen war zart und saftig, der Beilagenwirsing allerdings etwas fade.

Im Dürnbräu wird Wert darauf gelegt, nicht nur einfach Tellerfleisch zu servieren, sondern lange vergessene Rindsstücke wie Backerl oder Bürgermeisterstück als Kochfleisch wieder bekannter zu machen. Ochs schmeckt aber nicht nur gekocht: Das panierte Rindfleisch mit Kartoffelsalat war tadellos und ist Münchens gelungene Antwort auf das Wiener Schnitzel.

Traditionsküche paßt gut zum Traditionshaus: Der Dürnbräu, schon seit 1487 eine Wirtschaft, gehört heute der Spatenbrauerei.

Schloßwirtschaft Zur Schwaige

Schloß Nymphenburg · Tel. 17 44 21.
Geöffnet täglich von 10 bis 24 Uhr, warme Küche von 11.30 bis 22 Uhr.
S-Bahn Laim, Bus 68 und 41

Die »Churfürstliche Schwaig« zu Nymphenburg betritt man nicht einfach, man wird – wie sich das für eine Schloßwirtschaft gehört – empfangen. Lautlos nähert sich der schwarz befrackte Maître und erkundigt sich nach allen Regeln des Benimm, in welchem Ambiente man denn zu tafeln gedenke. Also, wenn schon fürstlich, dann richtig königlich: Das blaue Schloßzimmer wäre ganz nach Plaisir. Doch des Maîtres Miene verrät Bedauern. Leider diniere dort schon eine 15köpfige japanische Business-Crew.

Womit schon viel über das Publikum der Schwaige gesagt wäre. Hier speist, was Rang und Namen hat. »Es gibt keinen bayerischen Minister, der hier noch nicht gegessen hat«, verrät Josef Gaßner, seit 16 Jahren Inhaber der Schloßwirtschaft, denn auch. Stoibers, Streibls, Straußens – alle sind bei ihm aus und ein gegangen und haben hinter verschlossenen Türen Politik gemacht.

Dem stilvollen Rahmen der Schwaige entspricht auch ihre Speisekarte. Die Küche ist edel-bayerisch inspiriert. Alles wird à la carte zubereitet, jede Sauce vor dem Servieren aufgeschlagen, »bis sie schön luftig moussierend ist«, erklärt Michael Bücherl, Küchenchef und Saucenspezialist. »An Sterz oder an Pudding« (= Mehlpampsaucen) gibt's bei ihm nicht. Er läßt jeden Saucenfond reduzieren und »montiert« ihn dann mit Butter auf.

Dazu verkocht er am liebsten das, was vor der Haustüre wächst und gedeiht: Egli, Renken, Saiblinge aus bayerischen Seen und Bächen, Mastochsen und Milchkälber aus einheimischer Zucht, Wild aus dem Bayerischen Wald.

Den Einkauf übernimmt der Chef persönlich. Jeden Morgen ab 6 Uhr ist Josef Gaßner in der Markthalle zu finden. »Bei mir kommt nur frische Ware auf den Tisch«, lautet sein Credo. Angesichts der Qualität und der sorgfältigen Zubereitung sind auch die Preise realistisch. Ein Auszug aus dem Angebot: Spanferkelbraten in Dunkelbier, geschmorte Rehkeule mit Sauerrahmsauce, hausgemachte Eierspätzle und Preiselbeeren, glasierte Fingernudeln an Blaubeerschmand, exotische Früchte mit Sorbet auf Fruchtsauce.

Die Spezialität des Hauses ist Spargel: Die Schwaige gehört zu den acht besten Spargelrestaurants Europas. Zur Spargelzeit ist in der Schwaige ohne Vorbestellung kaum ein Platz zu bekommen. Etwa 35 Spargelgerichte gibt es dann auf einer Extrakarte. Von den »Klassikern«, mit Lachs, Schinken, Hollandaise, bis zu »Exoten« wie Spargelcocktail mit Champagner aufgegossen (Hauptgerichte zwischen 25 bis 30 Mark) ist alles im Repertoire.

Im Sommer kann man unter alten Kastanienbäumen in dem gediegenen Biergarten sitzen, durch eine Mauer abgeschirmt von den Touristenströmen, die zum Schloß Nymphenburg ziehen.

Schweizer Hof

Planegger Straße 14 · Tel. 88 18 40. Geöffnet Dienstag bis Samstag von 9 bis 1 Uhr, Sonntag bis 23 Uhr. Montag Ruhetag.
S-Bahn Pasing (außer S1, S2 und S7)

Im »Schweizer Hof« in Pasing bewegt sich der Gast auf historischem Boden: Schon beim Bau des Hauses 1879 kamen die Gebeine alter Bajuwaren zum Vorschein. Auch als 1989 der Biergarten (300 Plätze) neu angelegt wurde, fand sich ein guterhaltenes Skelett mit Grabbeigaben. Ob es der sagenhafte Gründervater Pasings war, Paoso? Wer heutzutage im Gasthaus an der lebhaften Planegger Straße speist, kann sicher sein, keinem Knochen außer dem in der Schweinshaxn zu begegnen – das Wirtshausgelände wurde archäologisch untersucht und für leer befunden.

Selten leer ist dagegen die Gaststube. Und das liegt nicht nur am Bier der Augustiner-Brauerei. Denn der »Schweizer Hof« ist eine Wirtschaft, wie man sie sich eigentlich nur noch in einem Dorf im Oberland vorstellen kann: solide, gemütlich und preiswert.

Schon allein die Einrichtung unterscheidet das Lokal wohltuend von der Resopalausstattung der meisten Gasthäuser: Alte dreiviertelhohe Holzverkleidung an den Wänden, die bei der Renovierung vor gut sechs Jahren dunkelbraun gebeizt wurde. Darüber ein paar Stiche und Bilder, ein Kruzifix in der Ecke und im Nebenraum ein Hirschgeweih. Der Boden ist ein kleines, vom Alter gedunkeltes Parkett. Entlang der Wand gibt's gemütliche Sitzbänke.

Die Pasinger wissen ihren »Schweizer Hof« zu schätzen, alt und jung gleichermaßen. Allein am Sonntag zählen die Wirtsleute Horst und Mariele Rapp sechs Stammtische. Zu Recht besonders beliebt ist der sogenannte Pikantus, der dunkle Weizenbock von der Erdinger Weißbierbrauerei.

Tip des Hauses

Tellerfleisch

Zubereitung (für vier Personen): 3 Pfund Rindfleisch (Zwerchrippe oder Brustkern) zusammen mit Suppengrün, ½ Zwiebel und eventuell einigen Pfefferkörnern in knapp 2 l kochendes Salzwasser geben und knapp 3 Stunden auf kleiner Flamme kochen. Danach in etwa fingerdicke Scheiben schnei-

Beim Blick in die Speisekarte gibt es die erste Überraschung: Der Schweinsbraten (Halsgrat) – einmal mit Kartoffelknödel und Salat, einmal mit Kraut und Semmelknödel – kostet um die 10 Mark, das Tellerfleisch mit Meerrettich und Kartoffelsalat nur wenig mehr. Und dann die zweite: Große Portionen, anständiges Fleisch, lockere Knödel – keine Spur von modischer »Übersichtlichkeit« auf dem Teller, im Gegenteil: der halben Schweinshaxn, die wir testeten, lag – wohl weil sie nach Ansicht der Wirtin (sie regiert in der Küche) zu klein ausgefallen war – noch eine Scheibe Braten bei.

Dreimal am Tag wird in der Gaststätte gekocht: Morgens um 8 Uhr, dann wieder um 11.30 und noch einmal gegen 17 Uhr. Knusprige Bratenkrusten sind damit zumindest für die Hauptessenszeiten garantiert. Großen Wert legt Mariele Rapp darauf, daß alle Zutaten selbst zubereitet werden, und das merkt man auch: Fast nirgendwo schmecken die Leberknödel so nach Leber wie hier, in kaum einem anderen Lokal sind die Pfannkuchenstreifen in der Suppe so frisch wie im »Schweizer Hof«.

den und mit Meerrettich oder Meerrettichsauce servieren.
Als Beilagen eignen sich Petersilienkartoffeln und Salat.
Tip: Im Dampfkochtopf dauert das Tellerfleisch nur etwa 40 Minuten.
Die Brühe kann man als Suppe weiterverwenden.
Bleibt Fleisch übrig, kann man es kalt oder aufgewärmt essen oder ins Tiroler Gröstl schneiden. Auch im Rindfleischsalat schmeckt es sehr gut.

Spatenhaus an der Oper

Residenzstraße 12 · Tel. 2 90 70 60. Geöffnet täglich, im Erdgeschoß durchgehend von 9.30 bis 0.30 Uhr, im 1. Stock von 11.30 bis 14.30 Uhr und von 17.30 bis 0.30 Uhr.
U-/S-Bahn Marienplatz

Also, wir geben es gleich von vornherein zu: Nach einem Reinfall vor zwei Jahren suchten wir unser Testobjekt mit üblen Vorurteilen auf. Eine überteuerte Abfütterung für Touristen sei das »Spatenhaus an der Oper« – so dachten wir und beschlossen, diesmal keine Gnade walten zu lassen und, wenn nötig, dem Wirt Roland Kuffler einen bösen Verriß zu schreiben.

Verschlagen, wie Journalisten nun einmal sind, kamen wir nicht allein, sondern brachten unseren Nachwuchs mit. Christina (6) versteht, wenn man von Pommes absieht, nichts vom Essen, dafür aber viel von Kellnerinnen und Kellnern. Und schließlich wollten wir ja nicht nur die Speisen, sondern auch den Service des Lokals auf Herz und Nieren prüfen.

Hier erlebten wir die erste (wirklich angenehme) Überraschung: Der nette Ober behandelte auch den jüngsten Gast mit ausgesuchter Höflichkeit, erkannte gleich, daß das Kinderstühlchen nicht vonnöten war. Er schleppte eifrig kleine Kinderteller und kleineres Besteck an unseren Tisch. Beim Bestellen wartete er geduldig, bis auch unsere Christina langatmig ihre Wünsche angemeldet hatte.

Die zweite positive Überraschung lieferte dann das Essen. Eine bessere Ente mit lockerem Knödel und feinsäuerlich abgeschmecktem Blaukraut haben wir vorher selten verzehrt. Daß auf dem Teller noch ein Apfelkücherl lag, ist vielleicht nicht ganz stilecht, dafür schmeckte es gut. Die Apfelkücherl gibt es übrigens mit Vanilleeis als Dessert. Lecker waren auch die Fischgerichte. Der gebratene Zander war genauso saftig und auf dem Punkt wie das gegrillte

Tip des Hauses

Ente

Zutaten: Ente männlich, 2–3 kg, frisch; Salz, Pfeffer weiß.
Für die Füllung 2 Äpfel, 2 Zwiebeln, Majoran.
Für die Sauce Flügelknochen, Sellerie, Karotten, Zwiebel, Tomatenmark, ½ l Brühe.

Wallerfilet. Wie gut die neue bayerische Küche ist, vermittelte das Spanferkelkotelett mit Kartoffelmantel, das zart und saftig war und genau den richtigen Biß hatte.

Die dritte Überraschung bescherte uns ein unerwarteter Gast: Starkoch Hans-Peter Wodarz (Ente vom Lehel, Wiesbaden) dinierte auch im Spatenhaus und wurde von uns sofort als autorisierter, aber unbezahlter Testesser akquiriert. Der mit Michelin-Sternen dekorierte Meister verspeiste keine Ente, sondern ein Backhendl, das ihn geradezu euphorisch stimmte. »Außen knusprig, innen saftig«, kommentierte Wodarz, »genau, wie es sein muß«, und er verriet uns, daß er bei seinen Besuchen in München des öfteren im Spatenhaus einkehrt.

Das Traditionshaus, das seit 1896 der Spatenbrauerei gehört und seitdem eine Wirtschaft ist, verköstigt seine Gäste übrigens in zwei Klassen. Unten gibt es eine ausführliche bayerische Karte mit Würsteln und anderen Schmankerln, serviert wird in der urigen Wirtsstube durchgehend. In den Stuben im 1. Stock wird zwar auch bayerisch gekocht, allerdings dominieren hier auf der Speisekarte mehr die internationalen Spezialitäten.

Zubereitung: Die Ente innen und außen waschen, mit geviertelten Äpfeln und Zwiebeln sowie Majoran füllen – mit Salz und Pfeffer würzen.
Bei rund 200 Grad im Rohr 2 ½ bis 3 Stunden braten. Des öfteren mit Salzwasser abpinseln, damit die Haut schön knusprig wird.
Für die Sauce etwas Tomatenmark zu den angerösteten Knochen und zum Gemüse geben, mit Brühe ablöschen.
Zum Schluß die Entenfüllung in die Sauce tun, 10 Minuten aufkochen, passieren, entfetten und abschmecken.
Als Beilage passen rohe Kartoffelknödel, Blaukraut, eventuell Apfelkücherl.

Straubinger Hof

Blumenstraße 5 · Tel. 2 60 84 44. Geöffnet von 9 bis 22 Uhr. Sonntag Ruhetag.
U-Bahn Sendlinger Tor

I mog's ned. Kalbskopf ausgelöst, kälberne Briesmilzwurst gesotten, Spanferkelkopf, Kalbshirn gebraten – lauter Schmankerl, wie man sie dem Besucher zwar gern als »typical bavarian« empfiehlt, und sie dann doch nicht so recht auf Englisch, Italienisch oder in Platt erklären kann.

Aber was erduldet man nicht alles, um wirkliche bayerische Gastlichkeit zu präsentieren – und anderswo probieren wir ja auch tapfer ausländische Innereien. Ein stadtbekannter Geheimtip seit Jahrzehnten ist der »Straubinger Hof«. Gleich am Markt, nicht protzig, nicht überteuert. Nur voll ist er eigentlich immer – und immer findet man dann irgendwie doch noch einen Platz. Wer ganz ungestört sein will, der ist hier falsch. Hier ruckt ma zamm! Und den Kellnerinnen entgeht kein ungenutztes Eckchen. Überhaupt, die Kellnerinnen! Im Dirndl – aber nicht bayerntümelnd –, resolut, aber nie unwirsch und vor allem: flink und unaufdringlich.

Ob drinnen, in den zwei großen Räumen oder sommers draußen im kleinen Biergarten unter alten Bäumen – immer wird der Gast freundlich begrüßt und bekommt umgehend zu trinken. Das gehört sich zwar so, ist aber selten geworden. Auch schwere Arbeit, dieser Eindruck wird vermittelt, kann Spaß machen. Zu schleppen haben die Bedienungen nämlich viel, die Portionen sind mächtig – von vielen gar nicht zu bewältigen. Aber alles schmeckt sehr gut!

Die Karte wechselt täglich. Die Preise fürs Kalbslüngerl mit Semmelknödel bis zu einem Kalbsgeschnetzelten mit Käse überbacken sind durchaus reell. Das ist wohl auch ein Grund dafür, daß das

Publikum von der Standlfrau vom Markt, allerlei Prominenz und normalen Altstadtneurotikern bis zu Touristen reicht, die hier bayerische Exotik schnuppern wollen. Wenn der große Ansturm beim Mittagessen abgeflaut ist, dann wirkt der »Straubinger Hof« nicht wie ein verödetes Restaurant, sondern wie ein Wirtshaus, in dem man bei einem Bier gemütlich hocken kann.

Nur einen Vorwurf muß man dem Restaurant machen: Keinen dürfte man hier eigentlich aufstehen lassen, ohne daß man ihn auch noch die Mehlspeisen (Apfelschmarrn) hat probieren lassen. Auch wenn man sie meistens gar nicht mehr schaffen kann.

Tip des Hauses

Biersuppn

»Ohne mei Suppn bin i krank«, hat der berühmte AZ-Blasius Sigi Sommer einmal gesagt. In diesem Sinne ein altmünchner Suppenrezept.

Zutaten: Eine Halbe helles oder dunkles Bier, 1 EL Mehl, 2 EL Zucker, 30 g Butter, 1 Eigelb, etwas süße Sahne, Salz, Zimt, 1 Stück Zitronenschale.

Zubereitung: Das Bier wird mit dem Zucker, etwas Zimt, einem Stück Zitronenschale und Salz aufgekocht, dann zwei- bis dreimal abgeschäumt. In der Zwischenzeit bereitet man aus Butter und Mehl eine helle Schwitze, gießt den heißen Biersud nach und nach zu, läßt das Ganze nochmals gut aufkochen und rührt vor dem Servieren das Eigelb und die Sahne darunter. Wohl bekomm's!

Teufel's Küche

Helmpertstraße 2 · Tel. 56 64 84. Geöffnet Montag bis Freitag und Sonntag von 11 bis 1 Uhr, Samstag ab 18 Uhr, von Oktober bis April außerdem jeden Samstag von 10.30 bis 15 Uhr Schmankerl-Brunch. S-Bahn Laim, Bus 41 und 68

Was ist – kulinarisch gesehen – bayerisch? A Schweinernes, Tellerfleisch, Schweinswürstl, Gmias – und sonst nichts? Gehört zur Münchner Küche nicht auch eine Wirtshaus-Atmosphäre, ein bodenständiger Wirt, eine freundlich-resolute Bedienung? Und vor allem: Muß eine Münchner Speisekarte wirklich in der – unbestritten sehr guten – Tradition bayerischer Küche verharren oder darf sie sich auf dieser Basis nicht ruhig ein bißchen multikulturell entwickeln? Die Versuche, das alles unter einen Hut zu bringen, haben schon so manchen Gastronomen in Teufels Küche kommen lassen. Nicht so die Wirte von »Teufel's Küche« in Laim.

Wer ein Lokal diesen Namens betritt, fürchtet sich davor, an allen Ecken und Enden mit dem Satan konfrontiert zu werden. Zwar sitzt er hier als Pappmachéfigur neben der Theke und hängt als Strohpuppe von der Decke. Doch wer sich erst einmal hingesetzt hat (Reservierung dringend ratsam), der genießt einfach nur noch die warme, gemütliche Einrichtung und die gesprächsfördernde Atmosphäre dieses urmünchnerischen Lokals.

Neudeutsch gesagt, war die hervorragende Eigenschaft eines traditionellen bayerischen Wirtshauses seine Kommunikationsfunktion. Hier traf man sich, ratschte, trank und aß. In »Teufel's Küche« ist das genauso. Da finden wir jung und alt, Ausländer und Bayern, Kegelvereine und Singles – ein Spiegelbild der Laimer »Soßeieti«.

Doch wir sind nicht wegen irgendwelcher soziologischer Studien hier, sondern zum Essen. Schon wenn, nach erfreulich kurzer Zeit, die Teller auf dem Tisch stehen, ist der momentane Grant über die

Tip des Hauses

Gulasch, mit Bier angemacht

Es gibt Gerichte, die haben – zu Unrecht – einen schlechten Ruf. Gulasch zum Beispiel. Zu Hause kocht man's nicht, in der Kantine ist es meistens schlecht, und im Wirtshaus steht es selten auf der Karte.

allzu gewollt bayerisch-bierdimpflerischen Formulierungen auf der üppigen Speisekarte vergessen. Dann mundet das Münchner Biergulasch mit Semmelknödel (Rezept siehe rechts) – zartestes Fleisch in einer dunklen, dicken, mit nichts gestreckten Sauce. Das Gmias aus Zucchini, Paprikaschoten, Tomaten und Kartoffeln ist mit Käse überbacken, und es schmeckt – dank fehlender Fremdwürze – so, wie es sich gehört, nämlich nach Gemüse.

Auch wem das allseits angebotene Tiroler Gröstl schon zum Hals raushängt, er sollte es trotzdem probieren: Das niederbayerische Speckrösti mit Käse überbacken – das ist bayerische Küche, wie sie sein soll, einfach (aber) fein. Himmlisch ist der Satansbraten, eine auf der Zunge zergehende Rinderlende mit einer – natürlich – teuflisch scharfen Sauce und Folienkartoffeln. Was bei fast allen Gerichten stört, sind die sinnlos beigelegten Salatgarnierungen.

Auch die diversen Nudelgerichte oder das edle Carpaccio von der Bullenlende munden trefflich – selbst der eingefleischteste Münchner hat ja inzwischen international empfindende Geschmacksknospen und Vorlieben entwickelt.

Probieren Sie mal das teuflisch gute Münchner Biergulasch.

Zutaten: 800 g gewürfelte Rinderwade, 800 g kleingehackte Zwiebeln, 1 l dunkles Bier, 4 EL Tomatenmark, Salz, Pfeffer, Majoran, Kümmel, wenig Knoblauch, geriebene Zitronenschale.

Zubereitung: Zwiebeln glasig werden lassen, dann das Fleisch anbraten, bis es grau ist. Die Gewürze dazugeben und anschließend mit dem Bier ablöschen. Dann das Tomatenmark dazu und 2 bis $2\frac{1}{2}$ Stunden auf kleiner Hitze schmoren lassen.
Als Beilage: Semmelknödel oder Teigwaren.

Unions-Bräu

Einsteinstraße 42 · Tel. 47 76 77. Geöffnet: Restaurant täglich von 11 bis 24 Uhr, durchgehend warme Küche. Bierkeller: Montag bis Samstag von 16 bis 1 Uhr, Sonntag von 10 bis 1 Uhr.
U-Bahn Max-Weber-Platz

Die Schiefertafel an der Eingangstür lädt zur Schlachtplatte mit Blut- und Leberwurst und Wellfleisch ein. Vom Gemälde im Eingang lachen den Gast die Wirtsleute an: Ludwig (Wiggerl) und Christa Hagn, seit September 1991 Hausherren des »Unions-Bräu« an der Einsteinstraße in Haidhausen. Familie Hagn – Wirtstochter Stefanie arbeitet tüchtig mit – hat in kurzer Zeit das Restaurant zum heißen Tip für alle Münchner gemacht, die bayerische Gemütlichkeit, gehobene Küche und ein vorzügliches, im eigenen Haus gebrautes Bier lieben.

Die Gaststube im Hochparterre und der riesige Bierkeller atmen Münchner Gemütlichkeit. Auf den Holztischen stehen Töpfe mit frischen Blumen. Zahlreiche Bilder aus der guten alten Zeit, Bierkrüge und Bierflaschen mit Schnappverschluß in 100 Jahre alten Eisenkästen verraten Liebe zum Detail. Auf der Speisekarte und den Bierfilzln prangt das Bild der Wirtstochter als Münchner Kindl.

Der Münchner Wirtesprecher, der zur Wies'n Festwirt im Löwenbräuzelt ist, achtet auch in der Küche auf Qualität. Ob Ochsenfleisch, Schweinsbraten oder Geflügel – das Fleisch stammt aus Bayern. Und Chefkoch Werner Greiner, der zuletzt bei Dallmayr die Gäste verwöhnte, legt mit dem schottischen Kollegen Alexander Stuart in der Küche größten Wert darauf, daß die Kräuter und Salate knackfrisch auf den Tisch kommen.

Das schmeckt man an der hervorragenden Kartoffelsuppe mit Debreczinern, die unverkennbar mit Oregano gewürzt ist. Und noch am Abend ist der Feldsalat mit gebratenem Fasanenbrüstchen und Walnüssen ein Genuß. Beim fränkischen Schmorbraten ist der Braten genau auf dem Punkt, und das frische Gemüse hat den richtigen Biß. Die (ausgelöste) glasierte Kalbshaxe zergeht auf der Zunge, und die dazu gereichten hausgemachten Spätzle sind auch tatsächlich hausgemacht. Der Schweinsbraten mit dunkler Biersauce schmeckt im »Unions-Bräu« wie bei Muttern.

Überhaupt die Saucen, sie sind keine gleichförmigen Mehlpampen, sondern sorgfältig auf die Hauptspeise abgestimmt. Aber natürlich sind sie nichts für eine Abmagerungskur. Als Dessert empfiehlt sich der köstliche Scheiterhaufen mit Zwetschgenröster, früher eine Armeleute-Speise. Anders als der Apfelstrudel mit Vanilleeis und Sahne. Er schmeckte pappig, zu weich und musig.

Auch wenn Wiggerl Hagn über einen guten Weinkeller verfügt und mehr als ein Dutzend verschiedene Schoppenweine (in Wachauer Henkelgläsern) anbietet – am besten schmeckt bei ihm doch das selbstgebraute naturtrübe Hausbier aus dem Holzfaß. Für viele Bierkenner ist es trotz der großen Konkurrenz das beste Bier Münchens.

Tip des Hauses

Scheiterhaufen

Zutaten (für vier Personen): 500 g grob geschnittene Semmeln, $^1/_8$ l Milch, $^1/_8$ l Rahm, 4 Eier, 1 TL Vanillezucker.

Zubereitung: Die Milch mit dem Rahm und den Eiern verrühren. Den Zucker und die geschnittenen Semmeln darunter heben. Das Ganze in eine gut ausgebutterte Form gießen und bei 160 Grad im Backofen 25 Minuten garen lassen. Dazu Zwetschgenkompott, frische oder gefrorene, entsteinte Zwetschgen. Mit Zucker einkochen lassen und mit Zimt und Rum abschmecken.

Weißes Bräuhaus

Tal 10 · Tel. 29 98 75.
Geöffnet täglich von 8 bis 24 Uhr.
U-/S-Bahn Marienplatz

Wundern darf's einen nicht, wenn ausgerechnet die Vertreter der urtypischen Münchner Schmankerlküche daherkommen wie Diätköche auf Hungerkur. Die Leckerbissen fliegen den Wirten nämlich nicht etwa backfertig in den Bratofen. Sie wollen vielmehr täglich neu akquiriert werden – in einem enervierenden Riesenslalom durch den Bauch der bayerischen Landeshauptstadt. Da heißt es früh aufstehen, wie Christian Döbler im Weißen Bräuhaus, dem früh um vier die Stunde schlägt.

Was hätte er für angenehme Arbeitszeiten am Schalter haben können, der gelernte Bankkaufmann! Statt dessen machte er sozusagen auf dem Zinsfuß kehrt und begann stante pede seinen Sturm auf den bayerischen Bratwursthimmel.

Statt sich nun am Glanz eines früh erkochten Michelin-Sterns zu wärmen, ist er auch heute früh wieder mit dem Lieferwagen durch die kalte Nacht gerumpelt. Jeden Salatkopf hat er einzeln umgedreht, drunten im Großmarkt, wo die Münchner Gärtner ihrem kritteligsten Kunden freiwillig die frischeste Ware hinstellen. Und die Metzger im Schlachthof hat der »Bazi, der gscherte« wieder zur Verzweiflung getrieben, weil er sich die besten Stücke einfach selbst aus dem Fleisch geschnitten hat – hier ein paar Nieren, dort ein Schweinsherz, da ein Kronfleisch.

Das Stichwort ist gefallen: Christian Döbler steht mit Herz und Niere für die Münchner Kronfleisch-Küche. Um seine Intentionen zu begreifen, muß man sich ihn als kleinen Buben vorstellen, wie er an der Hand des Onkels in den dritten Tiefkeller an der

Sparkassenstraße hinunterstapfte: »Dort unten dampften in einem Kessel lauter gute Sachen – Leber und Ochsenfleisch, bis zum feinsten Filet. Und die Leute suchten sich die besten Stücke aus.« Diese letzte Münchner Kronfleisch-Küche läßt der Nostalgie-Koch seit fast 1988 im Weißen Bräuhaus im Tal wieder aufleben. Da gibt es zum berühmten Schneider Weißbier beispielsweise ein Münchner Voressen mit Lunge, Kutteln, Bries und Kalbsgekröse, das sehr fein über die Zunge geht. Oder eine Portion Spanferkel, dessen »Krusperl«-Schwarte zwischen den Zähnen knackt.

»Sachen, die andere wegwerfen«, stylt Christian Döbler zu Leckerbissen: ein gebackenes Kalbshirn mit Remouladensauce, einen gerösteten Kalbskopf mit Zwiebel und Ei und eben auch das ominöse Kronfleisch, sprich Zwerchfell. Zu lange gekocht ein »Hundefutter«, frisch und rosa serviert eine Delikatesse. »Aber da muaß die Bedienung renna, damit 's der Gast sofort ißt.« Eine Küche mit Risiko? Christian Döbler weiß, warum er den ganzen Tag zwischen Herd und Gästen zirkuliert. Jawohl, so ein Krautwickerl kann auch mal total verkocht sein. »Ein Malheur«, seufzt der Küchenmeister, »aber dann kriegt der Gast sofort a neues.«

Tip des Hauses

Kalbskopf Schildkröten-Art

Zutaten: 1 ganzer Kalbskopf, Kalbsbratnockerln, geviertelte Champignons, frische Erbsen, Bohnen, Karotten, Selleriestreifen, Rotwein, Senf, Pfeffer, Salz.

Zubereitung: Kalbskopf mit Maske (Haut) eine Nacht wässern. Am nächsten Tag rasieren und putzen. Kalbskopffleisch mit Maske in einem auslösen, in Salzwasser mit Biß (al dente) kochen. Kalbsbratnockerln, geviertelte Champignons mit den Kalbskopfstücken in einer mitteldunklen Rotweinsauce, abgeschmeckt mit scharfem Senf, Pfeffer und Salz kurz aufkochen. Das ganze Gericht wird auf dem Teller mit dem Gemüse umlegt, in die Mitte kommen 2 Weißbrotcroûtons. Beilage: Petersilienkartoffeln.

Wirtshaus am Hart

Sudetendeutsche Straße 40 · Tel. 3 11 60 39.
Geöffnet täglich von 11 bis 1 Uhr, Samstag von 18 bis 1 Uhr.
U-Bahn Am Hart

Kabarett, Biergarten und bayerische Küche. Im kargen Münchner Norden bietet das »Wirtshaus am Hart« eine Alternative zu Resopaltischen und High-Tech-Läden. Wer seine Schmankerl in bunter Gesellschaft genießen will, dabei auf krachlederne Atmosphäre oder livrierte Kellner verzichten kann, wird hier mit liebevoll zubereiteten Speisen und guten Bieren verwöhnt.

Günther Knoll übernahm die Wirtschaft 1980. Die skeptischen Nachbarn mußten erst überzeugt werden, daß der junge Wirt ein bayerisches Gasthaus fortführen kann. Daß auch noch ein Kabarett – das Hinterhoftheater – dazukommen sollte, war den Hasenberglern nicht geheuer. Inzwischen sitzen sie aber Seite an Seite mit Kabarettisten, Musikern oder Malern und lassen sich das Essen schmecken, das vom Bio-Schwein kommt. Das ist nämlich eine der Besonderheiten im »Wirtshaus am Hart«.

Seit 1985 kümmert sich Peter Bachmeyer nach einer Karriere als Leiter des Jugendzentrums im Hasenbergl um die Gastronomie. Außerdem führt der vielseitige Bachmeyer die kabarettistische Haustruppe: das Aschentonnenquartett.

Das Biofleisch von »freilaufenden Schweinen« ist zum Beispiel beim Holzfäller-Steak zarter und geschmackvoller als übliches Fleisch. Wer aber davon nichts hält, kann einen Krustenbraten essen. Selbstgemacht sind Schweinskopfsülze sowie Blut- und Leberwurst. Für Vegetarier wird auch gesorgt. Auf sie warten Vollwertgerichte wie Gemüse-Wildreis-Pflanzerl. Und Süßmäuler kommen beim Topfenstrudel auf ihre Kosten.

Für die Zubereitung zeichnet das Ehepaar Hans und Hermi Winkler verantwortlich. Es gibt eine ständig wechselnde Karte, die vom hauseigenen Künstler Kocco Dimusevwi immer wieder neu gestaltet wird. Von ihm stehen auch Skulpturen im Biergarten. Hier löschen die Spaziergänger ebenso wie die Stammtischbrüder im Sommer ihren Durst bei naturtrübem Zwickl-Bier. Im Winter findet sonntags auf diesem Gelände ein Flohmarkt statt.

Das Bemerkenswerteste ist jedoch das Publikum des Wirtshauses. Günther Knoll und Peter Bachmeyer ist es gelungen, eine Stadtteilkneipe zu schaffen, in der sich vom Monteur bis zum Saxophonspieler, von den Anwohnern bis zur Szene alle wohlfühlen.

Wirtshaus Kurgarten

De-la-Paz-Straße 10 · Tel. 17 37 75.
Geöffnet Montag, Dienstag, Donnerstag und Freitag von 11 bis 15 Uhr und von 18 bis 24 Uhr, Samstag und Sonntag von 11 bis 24 Uhr.
S-Bahn Laim, Bus 41 und 68

Eigentlich ist der Stocker Konny ja berühmt für seine Gänse – Toulouser Gänse. Die riesigen Federviecher brachten dem leidenschaftlichen Züchter schon den Titel des Europameisters ein. Für uns ist der urige Parade-Bayer (Loferl, Lederhosen mit König-Ludwig-Porträt am Träger und Zwirbelbart) auch in seinem Wirtshaus ein Meister: Sein Kurgarten in Nymphenburg ist ein wunderbarer Ort, um echte, absolut frische bayerische Küche in urgemütlicher Atmosphäre zu genießen.

Einen gesunden Appetit sollte man schon mitbringen: Den hatten wir, und ich stürzte mich auf eine aufg'schmolz'ne Brotsuppe. Als diese in einer weiß-blauen, mittelgroßen Salatschüssel daherkam, wurde mir angst, denn ich wollte ja noch ein Hauptgericht essen.

Dann wurde es gebracht: die ausgelöste Rehkeule mit frischen, in Butter gebratenen Pilzen, hausgemachten, mit Schnittlauch verfeinerten Spätzle und Preiselbeeren. Rosa und zart war das Fleisch, so daß ich das Steakmesser, das im Kurgarten zur Standarddekoration gehört, eigentlich gar nicht gebraucht hätte.

Wunderbar zart waren ebenfalls die drei verschiedenen Filets, die mit lockerem Curryreis, Butterbohnen und Pommes frites in einer Grillpfanne auf den Tisch kamen. Die Portion hätte uns beide mühelos sattgemacht.

Selten fanden wir bisher auch so ein überdimensionales Wiener Schnitzel wie's eins bei Konny gibt. Es war hauchdünn und kurz vor dem Servieren noch mit Butter verfeinert.

Eine Rarität in Münchner Wirtshäusern: die echte »Bries-Muizwurschd« (Briesmilzwurst). In Neuaubing hat der Wirt einen Metzger gefunden, der das Schmankerl eigens für ihn herstellt.

Ach ja, der Salat: Er war frisch (gelbe Rüben eben geraspelt), wurde auf Wunsch vor der Hauptspeise serviert, ist aber im Vergleich zum sonst Gebotenen kein Ereignis.

Gern hätten wir zur Nachspeis' noch vom »Süßen Wahnsinn« (flambierter Pfannkuchen mit Vanilleeis, Preiselbeeren, Sahne) oder von den »Apfekiache« gekostet, doch der Hosenknopf war schon geöffnet. Nichts ging mehr.

Zugegeben: Im üppigen Angebot – auf Wunsch für Gesellschaften »Schbofaggl-« (Spanferkel-), »Wuidandn-« (Wildente-) oder »Reiwa-« (Räuber-) Essen – fehlen die Fische (von den Vorspeisen abgesehen). Auch der rote Südtiroler Hausschoppen macht den Konny nicht berühmt. Ich hätte lieber dem Rat der freundlichen und aufmerksamen Bedienung folgen sollen, die mir eine Halbe Augustiner oder ein Weizen empfahl. Beim nächsten Besuch dann. Da werden wir vielleicht auch mal wieder ein Ganserl essen. Eines von Konny Stockers Meisterwerken.

Tip des Hauses

Aufg'schmolz'ne Brotsuppe

Die aufg'schmolz'ne Brotsuppe war als deftige Arme-Leute-Suppe bekannt. Sie läßt sich am besten in Verbindung mit einem Schweinsbraten zubereiten.

Zutaten (für vier Personen): abgestandenes Fett aus der Bratrein, 2 große, milde Zwiebeln, 4 Handvoll hartes, gehobeltes Schwarzbrot, 1 bis 1 ½ l gute Fleischsuppe, Schnittlauch.

Zubereitung: Zwiebeln in Ringe schneiden und im Fett anrösten, Suppenteller vorwärmen, Brot darin anrichten, Zwiebeln drauf und mit Suppe aufgießen. Mit Schnittlauch verfeinern und sofort servieren.

Wirtshaus zur weiß-blauen Rose

Marienplatz 11 · Tel. 23 69 14 71. Geöffnet Montag bis Freitag von 10 bis 20 Uhr, am langen Donnerstag bis 22 Uhr, Samstag von 10 bis 15 Uhr. U-/S-Bahn Marienplatz

Es gibt Dinge, die könnten einen bei dem Vorhaben, bayerisch essen zu gehen, gründlich abschrecken: die touristenträchtige Lage in Marienplatz-Nähe zum Beispiel, ein gewollt folkloristischer Name oder eine höchst ungewöhnliche Einrichtung. Doch wer sich davon nicht abhalten läßt und sein Mittagessen trotzdem im »Wirtshaus zur weiß-blauen Rose« einnimmt, der wird danach sagen »guat war's« und damit das höchste Lob aussprechen, das einem bayerischen Wirtshaus gemacht werden kann.

Als ich vor vielen Jahren die weiß-blaue Rose zum erstenmal betrat, mußte ich kurz die Luft anhalten. In atemberaubender Weise waren Gewölbe und Pfeiler mit häßlichen weiß-blauen Rosen verunstaltet, die Tische mit kitschigen Motiven bemalt. Über beides hat sich inzwischen längst die Patina der Zeit gelegt, und man sitzt heute in einem gemütlichen Kellerlokal, das eine ganz eigene ungewöhnliche Ausstrahlung hat.

So versteckt kann ein gutes Speiselokal, so geheim ein Tip gar nicht sein, daß ihn nicht viele andere auch schon kennen – so erging es auch der weiß-blauen Rose. Um die Mittagszeit ist es manchmal schwer, einen Platz zu bekommen. Doch wenn man dann sitzt, ist alles vom Feinsten – trotz einiger tütenbeladener Einkaufsbummler und kamerabehängter Touristen.

Die weiß-blaue Rose hat ihr Stammpublikum. Man kann hier, wie es guter bayerischer Brauch ist, am großen Tisch auch mal mit seinem Nachbarn ins Gespräch kommen oder sich an kleine Tische und in stille Eckchen zum Anbandeln zurückziehen.

Wo wir schon beim Thema Frauen sind: Meine Begleiterin, sonst fleischlichen Genüssen eher abgeneigt (rein essensmäßig, versteht sich), verspeiste mit Genuß den nicht nur auf der Speisekarte so beschriebenen knusprigen Schweinsbrustspitz mit Kartoffelknödel und Salat. Saftiges Fleisch, mit rescher Kruste, in einer nicht angedickten Bratensauce – Schweinsbratenfan, was willst du mehr?

Schwein oder nicht Schwein, das ist hier überhaupt die Frage. Auf der Karte steht Schweinsbraten mit Kartoffelknödel und Salat oder knuspriges Spanferkel mit den gleichen Beilagen, aber genauso findet man – neben vielem anderen auf der täglich wechselnden Karte – ein Riesentrumm ausgelöste Entenbrust, gebraten, mit Knödel und Blaukraut. Wer dieses saftig-zarte, üppige Gericht wählt, sollte sich allerdings einer Vorspeise enthalten, es sei denn, er hat vorher fünf Stunden lang Schnee geschaufelt. Denn die Kartoffelsuppe zum Beispiel ist viel mehr als nur ein Magentratzerl und überdies schmeckt sie so gut wie hausgemacht.

Zerwirkgewölbe

Ledererstraße 3 · Tel. 22 68 24.
Geöffnet Montag bis Freitag von 8.30 bis 18 Uhr, Samstag von 8.30 bis 12 Uhr, warme Küche von 10 bis 14 Uhr und ab 16 Uhr.
U-/S-Bahn Marienplatz

Einem AZ-Testesser kann man so leicht keine saure Sahne als Crème fraîche vorsetzen. Und wenn sich die gnadenlosen Leberkäs-Gourmets, durch jahrzehntelanges Kantinenessen absolut abgehärtet, gleich im hungrigen Fünferrudel über ein Lokal hermachen, droht jedem Wirt höchste Gefahr. Kein Trick, wie man eine knappe Sauce streckt, bleibt uns verborgen. Künstliche Geschmacksverstärker können wir nach dem ersten Probebissen markenmäßig identifizieren. Und die Sprüche, die dann abgehen, können wir unseren Lesern sowieso nicht zumuten.

Um so erstaunlicher das Schweigen, das sich bei der Mittagsrunde im »Zerwirkgewölbe« breitmachte. Und das, obwohl man in dieser ältesten Wildbrethandlung Münchens (seit 1264), die eigentlich ein Verkaufsfachgeschäft ist, nur an ein paar Marmortischchen im Stehen essen kann.

Doch es hat den Eßkritikern nicht etwa die Sprache verschlagen. Das Schweigen ist eher ein Schweigen der Andacht. Nur ein Mitesser meint natürlich maulen zu müssen, sein Lamm habe möglicherweise doch bereits vor längerem die Pubertätsgrenze überschritten. Aber als notorischer Redaktions-Motzki zählt er mit seiner Meinung eh' nicht so richtig. Nun gut, es ist natürlich reine Nervensache, sich eine der Riesenportionen Spanferkel, lecker im goldbraunen eigenen Saft gebraten, auftischen zu lassen und mit Genuß in die krosse Schwarte zu beißen, während einen der dazugehörige Schweinskopf aus der Ladentheke traurig angrinst. Der Härtetest für den Kollegen. Er fixiert den einsamen Kopf mit eiskaltem Bogart-Face: Ich schau dir in die Augen, Kleines...

Tip des Hauses

Zarter Rehrücken

Nicht jeder schätzt Wild, manch einem hat schon allzu starker Hautgout den Appetit vertrieben. Dagegen gab es früher nur eins: beizen. Doch die modernen Kühlmethoden haben dies überflüssig gemacht. Unabhängig von der Jahreszeit bleiben die natürlichen Nähr- und Geschmacksstoffe erhalten – ohne die gefürchtete übertriebene »Strenge«.

Aber dafür ist im »Zerwirkgewölbe« eben garantiert frische Ware im Topf. Und heraus kommt sie ehrlich, ein bißchen schlicht vielleicht, aber bodenständig und höchst geschmackvoll. Ohne jeden neumodischen Dressing-Schnickschnack oder die diversen Augenwischertricks der Nouvelle cuisine (Design statt Sein). Wirklich, ein weiser Verzicht.

Und nun wollen wir auch noch verraten, daß Chefköchin Mizu und ihr Ehemann Radi, bei denen man wirklich noch bayerisch essen kann, gar keine Bayern sind. Sondern waschechte Jugoslawen. Allerdings seit über 20 Jahren die guten Geister des Zerwirkgewölbes – und der beste Beweis dafür, daß multikulturelles Miteinander auch in München kein Fremdwort bleiben muß.

Für ein Wildgericht rechnet man bei entbeintem Fleisch pro Person 250 g, bei Fleisch mit Knochen 300 g.

Zutaten: 1 Rehrücken, 200 g Speck, 300 g Butter, etwas Zitronenschale, Weißwein.

Zubereitung: Vergessen Sie das Spicken! Das zartfasrige Fleisch wird dabei nur verletzt und verliert den Saft. Den Speck (in Scheiben) beim Braten im Ofen auf das Fleisch legen, und ihn einige Minuten vor dem Herausnehmen entfernen. Den gepfefferten Rehrücken etwa 3/4 Stunden in Butter braten.
Bei zu schneller Bräunung der Butter kann man ein Schlückchen Weißwein zugeben.
Gesalzen wird erst nach dem Anbraten. Den Rücken immer wieder mit Butter begießen, damit er nicht trocken wird.
Die Kunst besteht darin, ihn aus dem Ofen zu nehmen, wenn der rosa Kern noch erhalten ist.

Zum Alten Wirt von Obermenzing

Dorfstraße 39 · Tel. 8 11 15 90.
Geöffnet von 8 bis 24 Uhr, durchgehend warme Küche.
Dienstag Ruhetag.
S-Bahn Pasing (außer S1, S2 und S7), Bus 73

Das Verhältnis von Preis und Leistung bestimmt die Wirtschaft. Besonders günstig fällt es beim Alten Wirt von Obermenzing aus. Bei Hans und Sophie Stern gilt vor allem die Tradition. Es paßt alles ins Bild bei diesem richtigen bayerischen Landgasthof innerhalb der Stadtgrenzen von München: das Haus, die Gaststuben, die Bedienung, die Speisekarte und was auf dem Teller daherkommt. Und nicht zuletzt, was der Gast dafür bezahlt.

Schon von außen ist der Alte Wirt einladend. Der über 500 Jahre alte Gasthof am Ufer der Würm steht mit seinen weiß-blauen Fensterläden da wie ein kleines Schloß. In dem Gemäuer führt hinter dem Eingang eine Tür rechts in die Gaststube mit karierten Tischdecken, dem Ausschank und der Durchreiche zur Küche. In der Jagdstube fanden wir den letzten freien Tisch unter Geweihen. Um uns herum saß ein buntgemischtes Publikum.

Zum Rumschauen läßt uns die Bedienung aber nicht viel Zeit. Sie ist noch eine echte, wie aus dem Bilderbuch: freundlich, aber nicht betulich – selten in München.

Die Karte war die nächste angenehme Überraschung. Die Aufteilung geht nach Suppen, fertigen Speisen, Pfannengerichten und Desserts. Nichts von schicken Vorspeisen, von Empfehlungen des Küchenchefs oder neumodischem Schnickschnack.

Ich entschied mich für die Leberknödelsuppe, anschließend wollte ich die Ente mit Knödel und Salat. »Ente ist aus«, hieß es. Macht nichts. Ein Blick durch den Raum – fast alle aßen Schweinshaxn.

Tip des Hauses

Gespickte Hirschkeule

Zutaten: 1 kg Hirschkeule, Sauerrahm, Wacholderbeeren, Pfefferkörner, Lorbeerblätter, Thymian und Estragon für die Beize, Zwiebelstücke, Petersilienwurzel, Sellerie, Lauch und Karotten, Schinken- und Schweinespeck, Preiselbeeren, Salz, Pfeffer, süßer Senf.

Zubereitung: Hirschkeule säubern. Mit Schweinespeck spicken und 2 bis 3 Tage in Sauerrahm einlegen; dazu Wacholderbeeren,

Doch auch die durfte ich nicht kosten. »Auch aus, aber nehmen S' doch des Spanferkel«, riet mir die nette Bedienung. Mein Begleiter wählte den Hirschbraten mit Spätzle.

Der Leberknödel war zwar ein bisserl fest, schmeckte aber nach Leber. Zum Maggi-Fläschchen auf dem Tisch mußte ich nicht greifen, die Rinderbrühe war ausgezeichnet, und der Hirschbraten war dann ein Gedicht: zwei zarte Riesenstücke unter Champignons in einer deftigen Bratensauce. Die Spätzle waren hausgemacht, die Portion Preiselbeeren mehr als großzügig. Spanferkel wird beim Alten Wirt sehr wörtlich genommen – die Portion erreicht die Ausmaße eines Ferkels. Drei große Fleischstücke mit Kruste und ein riesenhafter, aber perfekt schmeckender Knödel lagen auf dem Teller. Der Sauce hätte ein Hauch weniger Salz gut getan; der Salat war frisch und bunt-bayerisch. Aufessen konnte ich nicht. Kommentar der Bedienung: »Hättn S' halt die Suppn weglassen.«

Pfefferkörner, Lorbeerblätter, etwas Thymian und einige Estragonblätter geben. Mit Salz und Pfeffer würzen, Butter in einer Reine erhitzen und das Fleisch von beiden Seiten gut anbraten. Zwiebel, Petersilienwurzel, Sellerie, Lauch und Karotten in kleine Würfel schneiden, etwas Schinkenspeck dazugeben. Alles durchdünsten lassen, das Fleisch öfter mit Bratfond übergießen und im eigenen Saft schmoren lassen. Nach 30 Minuten das Fleisch herausnehmen, den Bratensaft etwas einkochen lassen. Preiselbeeren, etwas süßen Senf, ein wenig Zitronenschale hineingeben und das Ganze gut durchrösten. Einige EL Mehl dazugeben, mit dem Bratensaft vermengen und mit Wasser aufgießen. Die Sauce aufkochen lassen, dann das Fleisch wieder dazutun und langsam gar ziehen lassen. Schließlich die Rahmbeize, aus der die Gewürze abgeseiht wurden, hinzugeben und die Sauce abschmecken. Dazu passen Preiselbeeren und Eierspatzen.

Zum Franziskaner

Perusastraße 5 · Tel. 2 31 81 20. Geöffnet täglich von 8 bis 24 Uhr, durchgehend warme Küche. U-/S-Bahn Marienplatz

Der Franziskaner ist eigentlich eine Münchner Institution. Den Titel »älteste Münchner Gaststätte« beansprucht zwar die Hundskugel, doch der Franziskaner hat andere Superlative zu bieten. Nirgendwo sitzen mehr Prominente aus Politik, Kultur und Wirtschaft beim Bier – und nirgendwo gibt es besseren süßen Senf als hier.

Bis zu zwei Zentner täglich verzehren die Gäste von Wirt Eduard Reinbold von der hausgemachten Spezialität, deren Rezept nicht einmal jahrzehntelangen Stammgästen verraten wird. Ansonsten zurückhaltende Menschen schmieren sich den Mostrich schon dick aufs Brot, noch bevor die erste Halbe Löwenbräu ausgeschenkt ist, ganz Gierige nehmen gleich einen Topf mit nach Hause.

Die Geschichte des Lokals läßt sich im Grundbuch bis ins Jahr 1447 zurückverfolgen, ab 1509 ist auch die spätere Franziskanerbrauerei erwähnt. Die Sudstätte, die nach dem ehemaligen Franziskanerkloster benannt ist, wurde verlegt und an Spaten verkauft. Seit 1888 gehört der Franziskaner der Löwenbrauerei, 1950 wurde die im Zweiten Weltkrieg zerstörte Wirtschaft wieder eröffnet.

Seitdem sitzen im Franziskaner neben gutsituierten Münchnern gern auch Prominente. Franz Josef Strauß war hier häufig zu Gast, Milliardär Friedrich Karl Flick kommt zum Frühschoppen und Kanzler Kohl schon mal auf einige Weißwürscht.

Die Weißwürscht schmecken in der Residenzstraße wirklich besonders gut, bis zwölf Uhr sind sie erstgebrüht und nicht im Kessel aufgewärmt. Sehr empfehlenswert sind auch der Leberkäs und die

Leberknödelsuppe mit einem wunderbar lockeren Knödel in einer gehaltvollen, gerade richtig gewürzten Brühe. Ein Treffer die gefüllte Kalbsbrust, die zwei sattgemacht hätte, ebenso wie die abgebräunte Briesmilzwurst, die von einem Kartoffelsalat begleitet wurde, der seinesgleichen sucht.

Mehr Flachsen als Fleisch hatte allerdings die gekochte Ochsenbrust, und der fade Wirsing als Beilage machte die Sache noch schlimmer. Zu lange im Wasser lag wohl auch das Surhaxerl, denn ihm fehlte fast gänzlich der Biß. Dafür stimmte die Ente mit rescher Haut wieder etwas versöhnlicher, sie wurde serviert von einem lockeren Knödel begleitet.

Die wenigen Aussetzer der Küche wären leichter zu verkraften, hätte der Franziskaner nicht noch mit einem weiteren negativen Superlativ aufzuwarten: Unfreundlichere Ober (in den Genuß einer weiblichen Bedienung kamen wir beim Testessen nie) als hier sind sicher schwer zu finden. So antwortete der Kellner auf unsere schüchtern vorgebrachte Bitte nach mehr Brezn nur mit einem urlautähnlichen Grunzen, brachte aber – zumindest nach dreimaliger Ermahnung – doch noch einen Brotkorb an den Tisch.

Zum Lercherl

Bannwaldseestraße 13 · Tel. 7 85 11 63. Geöffnet Dienstag bis Samstag von 11 bis 23 Uhr, Sonntag von 10 bis 22 Uhr, im Winter von 10 bis 15 Uhr. U-Bahn Machtlfinger Straße

Wem hängen sie nicht zum Hals heraus, die Jungeberhaxn mit gebißschonender Knusperkruste? Wer kann die über Balsamico-Reisig rosa gebratenen Wachtelbrüstchen an weiß-blau poliertem Wildreis nicht mehr hinabwürgen? – Das Gasthaus »Zum Lercherl« ist nicht leicht zu finden – dafür aber ein echter Ausweg. Denn Elisabeth Klauser, die Wirtin, hat Deftig-Köche nebst Neuer Kusinen zum Teufel gejagt. Sie ist eigene Herrin der Töpfe – und tischt Originelles auf: einen »Anti-Schmuser«, das Pizza-Pfanderl »Lago di Ammersee«. Fischfreunde verwöhnt sie mit »Goldbarsch Stroganoff«. Und den ewig Urigen kommt sie mit dem großen Kessel.

Wehe, einer wagt zu behaupten, dabei handele es sich um ein gewöhnliches Kesselfleisch. »Ein gewöhnliches Kesselfleisch«, so Elisabeth Klauser gereizt, »is a fettes Schweiners mit Kraut und Kartoffel. Mein ›bayerisches Fondue‹ ist eine zarte Versuchung!« Bullenherz, mageres Schweinefleisch, Schweinszüngerl und saftiges Rindfleisch müssen in einem geheimen Gewürzsud erst stundenlang vor sich hinköcheln, ehe das große Schmausen nur mit den Händen losgehen kann (ab 20 Personen).

Es darf verzehrt werden, was man in drei Stunden schafft. Den übriggebliebenen Sud können nette Gäste mit nach Hause nehmen. Schließlich ist er ein Wundermittel – gegen Kater, Impotenz, Frauenleiden, Haarausfall und andere alltägliche Gemeinheiten.

Frau Klauser bleibt aber bescheiden. Ihre Küche, sagt sie, ist »bayerisch – gehoben-blöd«. Dabei steckt sie – jetzt mal ganz im Ernst – manch prominenten Löffelschwinger leicht in die Tasche.

Tip des Hauses

Pizza-Pfanderl »Lago di Ammersee«

Zutaten (für vier Personen): 1 kg Kartoffeln, 1/4 l süße Sahne, 1 Bund Petersilie, 1 Tasse Bratensaft, Salz, Pfeffer für den Teig.
Für den Belag: 150 bis 200 g Thunfisch, 8 Garnelen, 6 Sardellen, 1 Schältomate, 2 milde Peperoni, 4 Oliven und 250 g geriebener Allgäuer Käse.

Ihr Vorspeisen-Hit: Der »Anti-Schmuser« – 14 Tage eingelegte Knoblauchzehen in Weinteig gebacken – schmecken toll, hinterlassen aber einen gigantisch-bleibenden Geschmack. Die bayerischen Pizza-Pfanderl sind keine labbrigen Kuchen aus Weißbrotteig, sondern ein g'standenes Essen mit einem Boden aus Sahnekartoffeln, frischen Kräutern und Varianten mit köstlichen Belägen. Das Goldbarsch Stroganoff – schlicht ein kleines Gourmet-Wunder. Und erst die fünf verschiedenen 200-Gramm-Fleischpflanzerl – von rustikal bis Gärtnerinart, die Schweinemedaillons »König Ludwig« oder die Dampfnudeln mit Vanillesauce!

Für den, der internationale Abwechslung liebt, gibt es sogar eine bayerische Paella. Und wer Geburtstag hat, dem spielt Elisabeth Klauser (die mit Blumengestecken, selbstentworfenen Tischdecken und Servietten im Restaurant fürs Flair sorgt) vielleicht sogar ein Ständchen auf der Drehorgel.

Wirft es nicht ein schales Licht auf die berühmt-berüchtigten, magenkranken »Guide-Michelin-Männchen«, daß sie solch eine bayerische Kulinarität noch immer nicht gebührend gewürdigt haben?

Zubereitung: Kartoffeln schälen, kleinschneiden, feingehackte Petersilie und etwas Bratensaft dazu. Alles in einer heißen Teflonpfanne über dem Feuer schütteln, bis es so fest wird wie ein Gratin. Dann alles fingerdick in eine heiße Eisenpfanne drücken. Darauf Schältomate, Garnelen, Sardellen, Thunfisch, Oliven und Peperoni geben. Alles mit dem Reibekäse überstreuen. Im Grill oder Backofen überbacken, bis der Käse schmilzt.

Zur Goldenen Gans

Planegger Straße 31 · Tel. 83 70 33. Geöffnet Montag bis Samstag von 11 bis 24 Uhr. Sonntage/Feiertage für private Feiern reserviert.
S-Bahn Pasing, Bus 34 und 72

Münchner, kommst du nach Pasing, so kehre ein in der Goldenen Gans und verlange – nein, eben nicht Gans, sondern – Ente! Eine bayerische Hofente mit Blaukraut und zweierlei Knödel muß die Bestellung lauten, und sei versichert, du bekommst einen butterzarten Braten in einem knusprigen Mäntelchen.

Das Gasthaus »Zur Goldenen Gans« (früher Lochhamer Hof) in der Planegger Straße ist trotz seines Anstrichs als 300 Jahre altes Bauernhaus zu erkennen. Der Bauunternehmer Max Kerscher hat das denkmalgeschützte Gebäude liebevoll herausgeputzt. Alle Räume wurden im Biedermeierstil vertäfelt und von Hand bemalt. Das sieht alles sehr kostbar aus, sehr teuer. Und so steht der Gast an der Schwelle, sieht durchs Fenster die Kellner in knöchellangen Schürzen und im Schaukasten das Gault-Millau-Diplom (13 von 20 Punkten) und überlegt, ob das wirklich seine Kragenweite ist.

Hereinspaziert, lieber Münchner, du wirst es nicht bereuen! Auch wenn dich zunächst die Veltliner Bresaola mit warmem Bohnensalat irritiert, der Seefischteller mit Piniensauce oder der Coq au Vin. Wir sind ja auf der Suche nach der »Münchner Speisekarte«.

Doch keine Sorge, die internationale Cuisine vermählt sich hier im Haus durchaus mit bodenständiger Kochkunst. Statt zum Carpaccio vom (bayerischen) Milchkalb braucht man nur zum Blutwurstgröstl mit gebratener Geflügelleber greifen, statt zu Ravioli mit Salbeibutter zur »Starnberger See«-Fischsuppe – die übrigens die Vermählungsthese ungewollt unterstreicht: Neben der erwarteten Renke wirft sich die Krabbe zum Bewohner bayerischer

Tip des Hauses

Grießflammerie

Zutaten (für vier Personen): 1/2 l Milch, 1 Vanilleschote, Schale einer unbehandelten Zitrone, 50 g Hartweizengrieß, 6 Blatt Gelatine, 5 Eigelb, 125 g Zucker, 3/8 l Sahne, 2 TL Puderzucker.

Zubereitung: Die Vanilleschote in die Milch geben und die Zitronenschale abreiben. Aufkochen und passieren. Den Hartweizengrieß

Gewässer auf. »Da hat's wohl nicht ganz gereicht«, entschuldigt sich Hausherr Michael Weber für diese Bereicherung. Denn normalerweise reicht's. Der junge Stuttgarter, der schon in St. Moritz und Paris gekocht hat, kauft reichlich in deutschen Gauen ein: den Saibling am Königssee und den Zander am Bodensee. Das Fleisch für das »Böfflamott« (Bœuf à la mode), das vier Tage in Rotwein gebeizt wird, liefern Ochsen aus dem Dachauer Land.

Mit großem Vergnügen spürt Michael Weber, der mit Mutter Carola und Bruder Tillmann auch noch die Inselmühle und das Jagdschloß führt, vergessenen Rezepten nach. Ein Traum von Schaum ist sein Grießflammerie auf Himbeermark! Eher etwas für Eingeweihte dagegen sein persönlicher Tip: Kalbskopf, hauchdünn aufgeschnitten und lauwarm mariniert in Kräutervinaigrette – wahrhaftig ein klassischer Genuß.

Da kann auch die Ente nicht von weit her sein. Ein »altes Weiberl aus dem Oberland« liefert sie den Webers wöchentlich frisch. Damit's in der Gans heißen kann: Ente gut, alles gut.

zugeben und unter ständigem Rühren rund 10 Minuten auf dem Herd quellen lassen. Die eingeweichte Gelatine dazugeben. Eigelb und Zucker kalt aufschlagen und unter die warme Grundmasse heben. Sahne schlagen und mit dem Puderzucker unter die fast abgekühlte Masse heben. Förmchen ausölen, die Masse einfüllen und 3 Stunden gut durchkühlen. Grießflammerie stürzen und mit Himbeermark servieren.

Wirtshäuser in der Umgebung von München

Im bodenständigen, gemütlichen bayerischen »Gasthof Zur Post« in Aschheim.

Brauerei-Gasthof Aying

**Zornedinger Straße 2,
85653 Aying · Tel. (0 80 95) 7 05. Geöffnet täglich von 7 bis 22 Uhr, warme Küche von 12 bis 14.30 Uhr und von 17.30 bis 21.30 Uhr.
S-Bahn Aying (S 1)**

Immer wenn der Intendant des Frankfurter Schauspiels, Peter Eschberg, auf der Autobahn München – Salzburg unterwegs ist, macht der Theatermann einen Abstecher nach Aying. Nicht etwa um das durchaus schmucke Dorf zu besichtigen, sondern um im Brauerei-Gasthof einzukehren, zu essen, zu trinken und danach recht zufrieden wieder weiterzufahren. Eschberg, der Gourmet,

hat einen guten Riecher, denn das Lokal von Bräu Franz Inselkammer ist einen Umweg wert. Schon von außen wirkt der mit Efeu berankte Gasthof recht einladend, was sich in der holzgetäfelten Gaststube und im kleinen Garten fortsetzt. Die Spezialität des Hauses ist das Ayinger Dunkel, schließlich sitzen wir ja in einem Brauerei-Gasthof, der außerdem etliche Hotelzimmer beherbergt.

Doch bedauernswert, wer sich hier nur den flüssigen Spezialitäten widmet, steht doch auch Wunderbares auf der Speisekarte des Brauerei-Gasthofes in Aying. Er verfügt – und das ist nun wirklich etwas Besonderes – über ein Gut mit eigener Jagd. Fleisch und auch das Geflügel stammen also aus eigener Zucht, beziehungsweise sie sind selbst erlegt.

Ganz gleich ob Reh, Fasan oder Hase, die Wildgerichte sind liebevoll zubereitet, die Rohstoffe von ausgesuchter Qualität. Die zu Hochzeiten langen Wartezeiten nimmt man dann schon geduldiger in Kauf. Der Koch bemüht sich, alte Rezepte neuer und leichter zu interpretieren, was für den Gast kein Schaden ist. Wer geht schon gern mit bleiernem Magen wieder nach Hause?

Fazit: Ein wunderbarer Gasthof, der einen Ausflug wert ist. Wer gern Bier trinkt: in Aying gibt es auch eine S-Bahn-Station.

Deutsche Eiche Lochhausen

Ranertstraße 1,
89249 München · Tel. (0 89) 8 64 90 00.
Geöffnet von 9 bis 24 Uhr. Dienstag Ruhetag.
S-Bahn Lochhausen (S 3)

Wer nach einem Lokal mit gutem Essen sucht, sollte sich stets auf seine Nase verlassen. Denn was gut riecht, schmeckt selten schlecht. Kurz: Wer in Lochhausen aus der S-Bahn steigt und spürt, wie von irgendwoher ein Hauch von Bratenduft durch die Nase heraufzieht, sollte diesem Reiz unbedingt nachgeben und der Geruchsspur folgen, bis er vor der Deutschen Eiche steht. Hier duftet's nämlich nicht nur phantastisch, auch das Auge und der Gaumen kommen im Gasthof auf ihre Kosten.

Das Interieur der Eiche ist schön hell und dezent bayerisch (mit liebevollen Details). Man sitzt gemütlich zwischen frischen Hopfengirlanden, getrockneten Sträußen und diversen Küchenutensilien an den Wänden. Das Personal ist auffallend freundlich und sorgt dafür, daß man sich gleich heimelig fühlt.

Die »Deutsche Eiche Lochhausen« ist seit 100 Jahren in den Händen der Familie Mendel-Conrad, die sich bayerische Tradition groß auf ihre Fahnen geschrieben hat. Für die kulinarische Umsetzung der Familienmaxime sorgt ein Herr aus dem benachbarten Ausland: Karl Dabering, geborener Kärntner, schwingt hier seit 15 Jahren den Kochlöffel. Die Grundpfeiler seiner kreativen Küche sind bayerische Schmankerl, modern und leicht zubereitet. Er legt dabei größten Wert auf frische, einheimische Produkte.

Nach einem die Magennerven animierenden Einstieg, wie knackige Blattsalate vom Gärtner mit gebratenen Schwammerln, empfiehlt sich ein knusprig gegrillter Spanferkelrücken mit Knödel und Krautsalat. Wer dann noch zum süßen Höhenflug ansetzen will –

Tip des Hauses

Kalbsbrust mit luftiger Semmelfülle

Zutaten (für sechs Personen): 1 kg Milchkalbsbrust (vom Metzger auslösen und eine Tasche einschneiden lassen), 3 Semmeln vom Vortag, Paprikaschote, frische Petersilie und Majoran, 2 Zwiebeln, 1 bis 2 Eier.

oder kann –, der sollte sich auf keinen Fall den sündhaft guten Kaiserschmarrn »mit dem berühmten Ei mehr« entgehen lassen.

Wer's leichter mag, der kann sich an die Truthahnbrust mit grünen Spätzle und gerahmten Steinchampignons halten und sich zum Nachtisch an einem Zitronensorbet mit Rieslingsekt erfrischen. Auch Vegetarier müssen sich hier nicht mit Mozarella und Tomaten begnügen, sondern können sich über das Gemüsepfandl und Sauce Hollandaise oder Champignons in Kräuterrahmsauce und Semmelknödel freuen.

In Lochhausen und in der näheren Umgebung ist die Deutsche Eiche längst renommiert. Die Münchner haben diesen Geheimtip leider oder Gott sei Dank noch nicht erobert.

Zubereitung: Semmeln und Paprika würfeln und mit den gehackten Zwiebeln und Kräutern, Salz, Pfeffer und Eiern zu einem Teig abkneten. Die Semmelmasse in die Kalbsbrust einfüllen und die Öffnung mit Zwirn zunähen oder mit Holzspießchen zustecken. Das Fleisch bei mittlerer Hitze 3 Stunden braten, dabei regelmäßig mit Kalbsfond begießen. Am Schluß die Sauce mit kalten Butterstückchen aufmontieren und abschmecken. Dazu gibt's diverse Blattsalate.

Forsthaus Kasten Gauting/Neuried

82131 Gauting · Tel. (089) 8 50 03 60. Geöffnet von 10 bis 22 Uhr, warme Küche von 11.30 bis 14.30 Uhr und von 18 bis 21.30 Uhr. Montag Ruhetag (gilt nicht für den Biergarten mit Selbstbedienung).
Mit öffentlichen Verkehrsmitteln nicht zu erreichen.

Wo einst der Weidmann auf die Pirsch ging, findet heute die Jagd auf einen Parkplatz statt. Das »Forsthaus Kasten« ist längst ein beliebtes Ausflugsziel. An Wochenenden drängen sich die Autos, die Grilldüfte wehen bis zur Hauptstraße hinaus, und die Musi spielt, daß man schon von weitem jeden Refrain mitsingen kann.

Berühmt ist der Forst Kasten vor allem wegen seines riesigen Biergartens (1300 Sitzplätze). Die meisten Plätze sind »frei«, das heißt Brotzeit darf auch mitgebracht werden. Neben dem Biergarten-Standardprogramm: Spareribs, Steckerlfisch, Riesenbreze und Wurstsalat und Bier (Paulaner), gibt es an Wochenenden als Schmankerl selbstgebackenes Bauernbrot aus dem Steinofen.

Aber nicht nur zur turbulenten Sommerzeit ist das Forsthaus ein beliebter Anziehungspunkt, auch im Winter lohnt sich ein Abstecher. Wenn der Kachelofen brummt, kann man im rustikalen Wirtshaus nach Herzenslust die Speisekarte durchforsten.

Dazu gehören Vogerlsalat mit Kartoffeldressing, Wildschweinbraten in Buttermilchsauce und fränkische Klöß', Bayerische Ente mit Drahdewixpfeifferl, Wirsingeintopf mit hausgemachter Knoblauchwurst, Kalbshirnpavesen mit Sauerampfersauce, Grießschmarrn und Ribisl. Und zum Verdauen gibt's einen warmen Gewürzlikör.

Auffallend für ein bayerisches Lokal ist die große Auswahl an Weinen, die Johann Barsy direkt vom Winzer bezieht. Sei es ein fränkischer Bocksbeutel, Pinot Grigio oder Chateau Mouton Rothschild – Barsy hat alles im Repertoire.

Tip des Hauses

Bärlauchsoß'

Zutaten: 1 mittelgroße Zwiebel, 100 g Kartoffeln, 1/4 l Kalbsfond, Salz, Pfeffer, 125 g Sauerrahm, 1 Bund Bärlauch.

Zubereitung: Die grobgewürfelte Zwiebel mit den Kartoffeln anschwitzen und dem Kalbsfond aufgießen, kochen. Durch ein Sieb geben, mit Salz und Pfeffer würzen. Sauerrahm einrühren, den gehackten Bärlauch untermischen. Paßt gut zu gefülltem Kalbskopf.

Gasthof zur Post Aschheim

Ismaninger Straße 11,
85609 Aschheim · Tel. (0 89) 9 03 20 27.
Geöffnet täglich von 11 bis 23 Uhr, warme Küche von 11.30 bis 22.30 Uhr.
S-Bahn Riem (S 6), Bus 263

Schließt man von der Zahl der Autos im Hof auf die Qualität der Küche, muß der »Gasthof zur Post« in Aschheim ein empfehlenswertes Wirtshaus sein. So viele Menschen können nicht irren, oder etwa doch? Seit 1873 befindet sich hier eine Bierwirtschaft, seit 1907 ist das Lokal im Besitz der Familie Lindinger, deren Nachfahren es auch heute noch führen.

Die Gaststuben sehen so aus, wie man sich ein gemütliches bayerisches Wirtshaus vorstellt: Die Wände sind holzverkleidet, und man sitzt an langen Holztischen. Neumodischer Schnickschnack hat hier noch keinen Einzug gehalten, was kein Schaden ist.

Auf der Karte dominieren bayerische Schmankerl, ergänzt durch (durchaus entbehrliche) internationale Gerichte. Der Spanferkelbraten ist zart, hat aber trotzdem Biß, und der Knödel dazu ist locker. Empfehlenswert auch die Kalbshaxe mit Semmelknödel. Die Forellen aus dem eigenen Bassin sind entweder blau oder gebacken zu haben. Der Fischteller mit Scampi und Zander ertrinkt leider in einem Tomaten-Zucchini-Gemüse, das penetrant nach Ketchup schmeckt. Dafür stimmen die kalten Brotzeiten wie Spanferkelsülze oder hausgemachter Pressack versöhnlich. Die Schokoladen-Terrine mit Sauerkirschen macht Lust auf mehr.

Weintrinker haben die Auswahl zwischen gängigen Rebsorten, die akzeptabel sind. Das Bier wird von der Spatenbrauerei geliefert.

Fazit: Der »Gasthof zur Post« ist eine bodenständige Wirtschaft, in der auch das Preis-Leistungs-Verhältnis ausgewogen ist.

Forsthaus Wörnbrunn

Wörnbrunn 1,
82031 Grünwald · Tel. (0 89) 6 41 82 80.
Geöffnet täglich von 10 bis 24 Uhr, warme Küche von 11.45 bis 14.30 Uhr und von 18 bis 22 Uhr.
Mit öffentlichen Verkehrsmitteln nicht zu erreichen.

Wenn dies denn das Ergebnis der neuen bayerischen Küche ist, dann kann sie sich wahrlich sehen lassen: Rank und schlank steht ihr Exponent da, einsfünfundachtzig groß bei 84 Kilo, sportlich und g'sund. Andreas Geitl, Küchenchef in Richard Süßmeiers »Forsthaus Wörnbrunn«, weiß genau, gegen welche Vorurteile er ankochen muß. »Man sieht halt immer noch den Bayern, wie er seine Schweinshaxn abfieselt und dazu solche Knödel«, sagt er – und formt mit den Händen die Größe eines Fußballs.

Was er selber seit nunmehr zehn Jahren im Forsthaus dagegensetzt, hat Geitl schriftlich niedergelegt. »Köstliches aus der bayerischen Küche« heißt seine einschlägige Rezeptesammlung, erschienen in einem Bielefelder Verlag. Ein paar Sachen daraus haben wir bei ihm probiert und alle für hervorragend befunden.

Zunächst zu den Vorspeisen. Man kennt den Teller voll säuerlichem Glibber, der gern als Sülze offeriert wird. Ein edler Zungentratzer ist dagegen Andreas Geitls zweierlei Sulz von Ente und Tafelspitz mit einem regelrechten Gesteck von feinen Salaten und reschen Bratkartoffeln dazu.

Markig und originell ist die Hochzeitssuppe aus der Hopfen-Heimat des Holledauer Schmankerlkochs. Sie ist nun schon ein Stück Tradition im Forsthaus, das sich nicht mehr verfeinern läßt.

Das Fischgericht dagegen scheint auf den ersten Blick ein modernistischer Mißgriff: Fisch und Sauerkraut. Aber, siehe da, das gefüllte Wallerfilet geht, von Sahne und Weißwein abgesegnet, mit dem Rahmsauerkraut eine glänzende Ehe ein. Zum süßen Schluß hat ein Küchenkünstler rote Ranken in die heiße Aprikosensauce über dem Walnußeis gezaubert, in der sich noch ein Apfelküchерl in Mandelkruste heiß und würzig präsentiert.

Dafür, daß der junge Chef trotz aller Höhenflüge nie die Bodenhaftung verliert, garantiert der Hausherr. Wirte-Napoleon Richard Süßmeier regiert das »Forsthaus Wörnbrunn« als ebenso gaudi- wie gaumenfroher Gastro-General. Gern verweist er auf seine gekonnten Krautwickerl von Kalbfleisch und Schwammerl.

Den Boß und seinen Küchenchef eint die Liebe zum altmodischen Backofen, denn Heißluft bräunt zwar rundum schön, aber sie trocknet auch den Saft im Fleisch. »Neuzeitlich, frisch, praktisch à la minute« möchte Andreas Geitl seine Speisen servieren. Der durchaus bayerische Bachsaibling schwimmt auf Hummersahne, der Waller dampft international im Reisblatt.

So ist denn die einzige Kritik, die laut wird, eigentlich schon wieder ein Lob: Gelegentlich, gesteht der Chef, gibt es Klagen von den Gästen – nämlich, wenn der Schweinsbraten aus ist.

Gasthof zur Mühle Ismaning

Kirchplatz 5, 85737 Ismaning · Tel. (0 89) 96 09 30. Geöffnet täglich von 11 bis 1 Uhr, warme Küche von 12 bis 14 Uhr und von 18 bis 21.45 Uhr, von 14 bis 18 Uhr und von 21.45 bis 22.45 Uhr kleine Karte. S-Bahn Ismaning (S 3)

Die Mühle in Ismaning ist ein Wirtshaus mit Geschichte, die sich bis ins Jahr 1160 zurückverfolgen läßt. Im Hochmittelalter tafelten dort, wo heute Haus und Biergarten stehen, die Schäftlarner Mönche. Ihnen gehörte die Ismaninger Mühle samt Wirtschaft. Seit Mitte des vorigen Jahrhunderts ist das Traditionslokal im Besitz der Familie Seidl, die inzwischen auch Hotelzimmer dazu gebaut hat.

Tradition verpflichtet, das ist immer noch zu spüren. Neben internationalen Gerichten werden bayerische Schmankerl gepflegt. Wie der Krustenbraten mit Knödel. Die Kruste war wirklich resch, das Fleisch hatte auch zu fortgeschrittener Stunde noch Biß, der Knödel dazu war Gott sei Dank kein Gummigeschoß. In aller Regel sind die Fischgerichte in der Mühle empfehlenswert.

Im Sommer sitzt man – nichts gegen die holzverkleideten Gaststuben – am lauschigsten draußen. Unter Kastanien, am rauschenden Mühlbach, auch wenn es schon lange keine schöne Müllerin mehr gibt. Draußen gibt es außerdem leckere kalte Brotzeiten auf der Karte, der Obatzde war sanft abgeschmeckt und roch weitaus weniger penetrant als seine Brüder anderswo.

Ein Stiefkind sind manchmal die Hendl vom Grill. Wenn sie etwas länger liegen, schmecken sie entsprechend. Als Getränk entscheidet man sich für ein frisches Hacker-Pschorr-Bier oder wählt einen der akzeptablen offenen Tropfen von der Weinkarte.

Fazit: Die Mühle ist auf jeden Fall einen Ausflug wert, von München aus am besten mit dem Radl immer an der Isar entlang.

Leeberghof Tegernsee

Ellingerstraße 10, 83684 Tegernsee
Tel. (0 80 22) 39 66. Geöffnet Dienstag bis Freitag von 14 bis 22 Uhr, Samstag/Sonntag von 12 bis 22 Uhr. Ruhetag Montag (Sommer), Montag/Dienstag (Winter). Deutsche Bahn nach Tegernsee

Der »Leeberghof« ist unbestritten eines der schönsten Restaurants in Bayern. Hoch über dem Ort Tegernsee und dem gleichnamigen Gewässer macht schon der Blick allein trunken. Und die Kunst der Küche – der Koch ist ein Schüler von Eckart Witzigmann – kann mit der Schönheit der Landschaft durchaus konkurrieren.

Zelebriert werden hier die Highlights der bayerischen Küche, ergänzt durch einige mediterrane Rezepte (besonders beim Fisch). Die Reise an den Tegernsee wert ist die wundervolle Ente mit Knödel, Blaukraut und Apfelmus, die unter einer knusprigen Haut zart und fleischig ist und auch sehr nüchterne Gemüter ins Schwärmen kommen läßt. Ebenso lecker schmeckt die Tafelspitzsülze oder eine der Cremesuppen. Bei den Nachtischen ist der Bratapfel unvergeßlich, der nach den großen Portionen allerdings nur noch schwer unterzubringen ist.

Wir waren oft hier oben, aber einen Reinfall haben wir nie erlebt. Da verzeihen wir denn auch die üppige Rechnung und trinken noch einen Absacker in der hauseigenen Bar, die in einem Glaspavillon neben dem Hauptgebäude untergebracht ist.

Wer zu viele Absacker getrunken hat, kann notfalls auch in einem der geräumigen Gästezimmer über dem Lokal übernachten. Eine Voranmeldung empfiehlt sich allerdings.

Im »Leeberghof« tummeln sich viele Liebespaare (offizielle und heimliche), denn die intimen Stuben des Lokals laden zum Turteln geradezu ein. Der Service ist bemüht, möglichst wenig zu stören.

Bildnachweis:

Alle Fotos – soweit sie nicht von den Wirtsleuten der einzelnen Gastwirtschaften freundlicherweise zum Abdruck zur Verfügung gestellt worden sind – stammen von

Rudolf Mayer.

Umschlagfoto: Christian Teubner, Füssen
Fotos auf Seite 30/31 von Christine Strub

Impressum:

3., überarbeitete Auflage 1996

Redaktion: Barbara Zander, Marianne Heilmannseder, Ina Raki
Titelgestaltung: Christine Paxmann
Produktion: Manfred Metzger
Druck und Bindung: Gorenjski Tisk, Kranj

Printed in Slovenia

Gedruckt auf chlor- und säurearmem Papier

ISBN 3-517-01895-3